保育の学び
スタートブック

久富 陽子 編著

萌文書林

HOUBUNSHORIN

はじめに

　みなさんは今、幼稚園教諭や保育士（合わせて「保育者」といいます）を志し、期待で胸をふくらませていることでしょう。保育者は、一般的には子どもたちと楽しそうに遊んでいるだけと思われているのですが、保育は子どもたちの生きる力の基礎を育むとともに、家族の子育てを支える重要な役割があります。

　そのような重要な仕事をするのですから、保育士になるために必要な保育士資格は国家資格ですし、幼稚園教諭になるためには小学校、中学校、高等学校などと同じ教諭免許が必要になるのです。

　これから大学・短大・専門学校で学ぶことは、たぶん、みなさんが想像している以上に多く、深く、広いと思われます。もちろん、アルバイトをしたりサークルを楽しむ時間もありますが、なんといっても将来、専門職といわれる仕事に就くための学びをするのですから、これからの勉強はかなり真剣に取り組まなければなりません。そうでなければ、夢をかなえることができなくなってしまいます。

　なんだか、急に心配になってきましたか？　でも、大丈夫です。自分で選んだ道の勉強ですから、みなさんの心に響く学びがたくさんあります。そのため、今、あるいは長い休みの期間を利用して、保育に関する基本的なこと、社会人になるために知っておきたいことを学んでおきましょう。

　この本は、すでに保育者になるための大学や短大、専門学校への進学が決まった高校生や入学したばかりの1年生が、これからの専門的な学びをより有効なものにするためにつくられています。もちろん、最初のページから読み進めてもかまいませんが、興味のあるところから読んでみても大丈夫です。

　さぁ、みなさんの大きな夢に向かってスタートしましょう！

久富陽子

CONTENTS

PART 1　おさえたい！ 保育の基本

PART 2　知りたい！ 保育の実際

PART 3　学びたい！ 保育者への道

PART 4　身につけたい！ 生活と仕事のマナー

PART

1

おさえたい！
保育の基本

保育

　保育という言葉は、主に乳幼児期の子どもに対して使われる言葉です。「保」という文字には「守ること、養い世話をすること」という意味があり、「育」という文字には「そだてること、成長すること」という意味があります。つまり、保育は「子どもを守り世話をすることを通して、子どもを育てること」です。「保育所保育指針」（保育所における保育の内容などが記されているもの）には、「養護と教育が一体となって」という言葉で、保育の言葉の意味が示されています。しかし、日本語の「と」は、たとえば「ケーキと紅茶」というように、2つ以上の物事を並べるときに使うことの多い言葉であるため、「養護と教育」も「時には養護を行い、時には教育を行うこと」ととらえてしまう人が多いのですが、そうではありません。大切なのは、「一体となって」というところです。

　具体例を示すと、みなさんは「コーヒーと牛乳」と聞けば、コーヒーという飲み物と牛乳という飲み物が別々にあると思うでしょう。でも「コーヒー牛乳」と聞けば、牛乳のなかにコーヒーが溶け込んだ、あのおなじみの飲み物があると思いますね。

保育は、まさに「コーヒー牛乳」のように、養護のなかに教育が溶け込んだもの（あるいは教育のなかに養護が溶け込んだもの）です。そのため、養護と教育を分けて行うことはできませんし、そのどちらかが欠けている場合には「保育」にはなりません。

　実例をあげてみましょう。たとえば赤ちゃんのおむつを替えることは、一般の人からは「子どもの世話をしているだけ」と思われるかもしれません。しかし、そこで保育者がていねいに心のこもった言葉で話しかけたり、おむつがきれいになったことを子どもと一緒に喜ぶことは、子どもが人としての心と身体の基礎をつくるために非常に大切なことであり、養護と教育が一体となった"保育"という行為になります。

　そうした大切なことの積み重ねが、じんわりじんわりと子どものなかに伝わることによって、子どもは自分からいろいろなことに挑戦して、心も身体も成長していきます。保育は、子どもが人としての基盤を獲得するためにはなくてはならない営みであり、それを適切に行える専門家が幼稚園教諭や保育士です。そして、それらを総称して「保育者」と呼ぶのです。

子ども

　みなさんは子どもですか、大人ですか。「子ども」と聞いて何歳までをイメージしますか。「小学生まで」「中学生まで」「19歳まで」「親から見たら何歳になっても」など様々なとらえ方があり、あいまいな言葉であることがわかります。

　子どもには「子供」「子ども」「こども」などの表記があります。「子」には「幼少のもの」「まだ一人前でない者」、「供」には「つき従って行く人」「従者」などの意味があります（『広辞苑』より）。保育の領域では「保育所保育指針」をはじめ多くの場合、「子ども」または「こども」という表記が使われています。

　保育の対象は「子ども」ですが、様々な別称があります。ここで、その用語と定義を確認しておきましょう。

乳　児	一般的に「生後１年未満[注1)]」の子どもを指す。児童福祉法：満１歳に満たない者 「乳児保育」の対象は０・１・２歳児とすることがある。
幼　児	一般的に「幼い子ども」の意味がある。児童福祉法：満１歳から小学校就学の始期に達するまでの者　道路交通法：６歳未満の者 保育の場では３・４・５歳児[注2)]を「幼児」（組・クラス）と呼ぶことがある。
未満児	保育所などで３歳未満児（０・１・２歳児）を指す。
以上児	保育所などで３歳以上[注3)]児（３・４・５歳児）を指す。
学　童 （学齢児童）	小学校に就学する年齢の子ども。小学生。 学校教育法：満６歳に達した日の翌日以後における最初の学年の初めから、満12歳に達した日の属する学年の終わりまでの者。
児　童	おおむね18歳未満を指す。児童の権利に関する条約：18歳未満の者　児童福祉法：満18歳に満たない者　児童手当法：満18歳の最初の３月31日まで　労働基準法：満15歳の最初の３月31日まで　道路交通法：６歳以上13歳未満の者
小　児	はっきりとした定義はないが、小学校卒業までの12歳または中学校卒業までの15歳くらいまでを指す。
子ども	子どもの読書活動の推進に関する法律：おおむね18歳以下の者

注１）○歳未満：その年齢を含まない。

注２）○歳児：たとえば保育所・幼稚園でいう３歳児（クラス）とは、４月２日時点で満年齢が３歳の子どもを指す。誕生日が来て４歳になっても年度内（３月31日まで）は３歳児（クラス）と呼ぶ。

注３）○歳以上、○歳以下：その年齢を含むそれより上または下の年齢。

幼稚園と保育所

　「幼稚園と保育所」と聞くと、どちらも「小さな子どもたちが楽しく過ごしているところ」という印象をもつ人が多いのではないでしょうか。たしかにどちらも子どもたちの生活の場ですが、名称に違いがあるとおり、両者は異なる機関です。では、それぞれどのようなものなのでしょうか。

　幼稚園とは、学校教育法にもとづく教育機関、つまり「学校」の1つです。その目的は、「義務教育及びその後の教育の基礎を培うものとして、幼児を保育し、幼児の健やかな成長のために適当な環境を与えて、その心身の発達を助長すること」（学校教育法第22条）であり、幼い子どもに適した教育を行う機関です。

　一方、保育所とは、児童福祉法で定められた「児童福祉施設」の1つです。その目的は「保育を必要とする乳児・幼児を日々保護者の下から通わせて保育を行う」（児童福祉法第39条）とされています。「保育を必要とする」とは、子どもの保護者が昼間働いている、病気である、あるいは家族の介護などの理由があることを示しています。

　どのような子どもが対象となるかにも違いがあります。幼稚園は満3歳〜小学校に入る前までの幼児を対象としています。ただし、義務教育ではないため、入園は保護者の意思によって決められます。3歳または4歳で幼稚園に入園する、あるいは幼稚園には行かないという選択もあり得るのです。

　そして、保育所を利用する「乳児・幼児」というのは、0歳〜小学校入学前までの子どものことです。

　このように、機関としての目的や条件の違いはありますが、幼稚園・保育所のいずれに通っていたとしても、子どもがその年齢にふさわしい生活を送り、健やかに成長できるよう支えられる必要があることに違いはありません。

　たとえば、幼稚園の教育は、「環境を通して行われるものである」といわれます。昨日、子どもたちがしていた工作遊びがより発展するように、保育室にさりげな

く新しい材料が置かれるというようなことから、保育者の立ち居振る舞いが子どもたちに大人らしさのイメージを与えるといったことまで、生活のなかにあるほとんどの人・もの・事柄が、子どもにとっての環境といえます。環境とかかわることを通して、様々な能力だけでなく、物事に取り組む意欲や、友だちの気持ちを感じる心などが育まれていきます。

　このような考え方は、保育所でも基本的には同様です。ただし、保育所は幼稚園に比べて保育時間が長いため、子どもが適度な休息をとりながら安心して園生活を送ることができるための配慮も重視されています。また、0歳〜6歳までの子どもたちが、それぞれの年齢に合った生活を送れることが求められます。

　また近年、子育てにおける社会的な支援の必要性が高まり、幼稚園と保育所にもそうした役割が求められています。幼稚園では、保護者の悩みの相談に応じる、保護者同士の交流の場を設けるなどの取り組みが行われています。保育所では、利用する家庭はもちろん、それ以外の家庭を含めた地域の子育て支援として、園庭開放や子育て相談などの活動を行っています。

幼稚園と保育所（認可保育所）の比較

	幼稚園	保育所（認可保育所）
管轄	文部科学省	こども家庭庁
根拠となる法令	学校教育法	児童福祉法
1日の保育時間	4時間を標準とする。必要に応じ預かり保育などを実施している。	原則として8時間。保護者の労働時間などに応じ11時間以上開所していることも多い。
年間保育日数	1年間に39週以上。夏休みや冬休みがある。	日曜、祝日、年末年始以外の、およそ300日。休日保育を行っている保育所もある。
一人の保育者が受けもつ子どもの人数（基準）	1学級35人以下	0歳児3人、1歳〜3歳未満児6人、3歳〜4歳未満児20人、4歳以上児30人 必要に応じて、これよりも手厚く保育者を配置している場合がある。

認定こども園

　認定こども園は、2006年から運営を開始しました。近年の子どもを取り巻く環境の変化のなかで、乳幼児の保育施設に求められる機能が多様になったため、つくられたのです。では、認定こども園にはどのような機能があるのでしょうか。

　1つは、保護者が働いている、いないにかかわらず、小学校に上がる前のすべての子どもを対象にし、各家庭の事情に合わせて子どもを預かり、就学前の教育を含んだ保育を行うことです。もう1つは、その地域のすべての子育て家庭を対象とした支援です。具体的には、子育て不安に応じる相談活動や、親子で参加できる活動の場の提供などです。

　認定こども園には4つのタイプがありますが、いずれも地域の実情に合わせて、創意工夫をしながら柔軟に保育を行うことが求められます（下記表）。

　職員は、乳児クラスや長時間保育の子どもには保育士を、幼児クラスには幼稚園教諭を配置するなどの体制がとられます。なお、幼保連携型認定こども園は教育の機能と児童福祉の機能を併せもつ施設であり、職員は原則として幼稚園教諭免許、保育士資格の両方を保有する「保育教諭」であることが必要です。ただし、2024度末まではどちらか1つの免許・資格があれば勤務できます。この間、もっていない免許・資格をとりやすくする特例も作られました。

　また、認定こども園は内閣府の管轄でしたが、2023年4月よりすべてのタイプがこども家庭庁の管轄になりました。

認定こども園の4つのタイプ

幼保連携型	幼稚園型	保育所型	地方裁量型
認可幼稚園と認可保育所とが一体となったタイプ	認可幼稚園が、保育を必要とする子どものための保育時間を確保するなど、保育所的な機能を備えるタイプ	認可保育所が、保育を必要とする子ども以外の子どもも受け入れるなど、幼稚園的な機能を備えるタイプ	幼稚園・保育所いずれにも認可がない地域の教育・保育施設が、必要な基準を満たして認定こども園となるタイプ

保育者

　みなさんがなりたいと思っている幼稚園の先生や保育所の先生のことは、「保育者」とも呼ばれます。両方とも"保育をする人（者）"という意味で使われます。

　しかし、幼稚園の先生と保育所の先生は同じ職種ではありません。まぎらわしいと思いますが、幼稚園は「学校」の1つで、保育所は「児童福祉施設」の1つであるという大きな性格の違いがあるため、それぞれの職に就くためには必要な勉強や取得しなければならない免許・資格も異なってきます。

　幼稚園の先生になるためには「幼稚園教諭免許」が必要となり、職種は"幼稚園教員"になりますが、保育所の先生になるためには「保育士資格」が必要となり、職種は"保育士"になります。

注）職種分類は「厚生労働省職業安定局のハローワークインターネットサービス"職業分類逆引"」より引用。

 ## 免許・資格の取り方

幼稚園教諭免許

・短期大学・専門学校で必要な単位を取得し卒業する→幼稚園教諭二種免許

・4年制大学で必要な単位を取得し卒業する→幼稚園教諭一種免許

・大学院で必要な単位を取得し卒業する→幼稚園教諭専修免許
⇩
幼稚園・認定こども園で幼稚園教諭として働くときに必要な免許

保育士資格

・厚生労働大臣の指定する、保育士を養成する学校などで必要な課程・科目を履修し卒業する→保育士

・保育士試験に合格する→保育士
⇩
保育所などの児童福祉施設／認定こども園で保育士として働くときに
必要な資格

幼稚園教諭と保育士はどちらも“保育者”に違いありませんが、幼稚園教諭を“保育士”と表現するのは間違いですので、注意しましょう。保育士は、以前は「保母（保父）」と呼ばれていましたが、1999年に「保育士」という名称になりました。そして今では、保育士資格を有しない人が保育士と名乗ることは禁じられています。

　なお、幼稚園と保育所の機能が一体となった認定こども園も増えています（p.11参照）。認定こども園で働く、幼稚園教諭免許と保育士資格をもつ保育者は「保育教諭」と呼ばれています。これからは免許と資格の両方を取得していることで働く場の選択肢が広がるでしょう。

 幼稚園教諭免許取得に必要な科目と保育士資格取得に必要な科目の違いを知るために、学校のシラバスで必修科目を調べてみましょう。

注）シラバスとは、学校で学ぶ教科目の講義内容や計画、教材などが書いてあるものです。

必修科目	幼稚園教諭 （一種・二種）	保育士
例）保育原理 例）乳児保育 児童文化	○ ×	○ ○

幼稚園・保育所の職員

「幼稚園ではどんな人が働いているでしょうか？」と聞かれた場合、まずはシンプルに、クラス担任の先生が思い浮かぶでしょう。同じく、「保育所ではどんな人が働いているでしょうか？」と聞かれた場合も、一番初めにクラス担任の先生が思い浮かぶと思います。

さて、そのほかにはどのような人が働いているのでしょうか。また、働いていなければならないのでしょうか。

小学生の頃を思い出してみてください。小学校にはどのような人がいましたか？　担任の先生をはじめ、校長先生、教頭先生（もしくは副校長先生）、保健室の先生、音楽・図工の先生、用務職員の方、給食をつくってくださる方……、いろいろな人が学校を支えていたと思います。

幼稚園の教職員の規定は「学校教育法」に書かれています。第27条に「幼稚園には、園長、教頭及び教諭を置かなければならない」「副園長、主幹教諭、指導教諭、養護教諭、栄養教諭、事務職員、養護助教諭その他必要な職員を置くことができる」と記されていて、さらに詳しい内容がいくつか書かれています。そして、学校教育法のなかでは幼稚園のみならず、各種学校の教職員について "置かなければならない／置くことができる" という表現で記されています。

保育所の職員の規定は「児童福祉施設の設備及び運営に関する基準」に書かれています。第33条において、「保育所には、保育士、（中略）嘱託医及び調理員を置かなければならない。ただし、調理業務の全部を委託する施設にあつては、調理員を置かないことができる」と記されています。

幼稚園

園長　教頭　教諭

かならずいなければならない人

副園長　養護教諭　事務職員

かならずいるわけではない人

保育所

保育士

保育をする人

調理員

給食をつくる人

嘱託医

定期的に健康診断など、健康面でのサポートをする人
（保育所に常駐はしておらず、近隣の小児科の先生の
場合が多い。）

かならずいなければ
ならない人

　そのほか、基準には記されていませんが、市町村や社会福祉法人によっては看護師を配置しているところもあります（とくに、0歳児保育を行っている保育所）。また、保育所は開所時間が長いため、朝と夕方（夜）の時間帯には短時間勤務の保育士が勤務し、その園の保育を支えていることもあり、多様な職種・多様な働き方の人々が働く場所でもあります。

　以上、幼稚園・保育所ともに、園ではどのような人が働いているかを簡単に説明しましたが、直接子どもとかかわる人以外にも多くの人が保育を支えています。

幼稚園教育要領、保育所保育指針、幼保連携型認定こども園教育・保育要領

幼稚園教育要領

　文部科学省が示している教育内容に関する基準です。幼稚園において、教育課程の編成や指導計画の作成にあたって従わなければならない、幼稚園教育における教育の基本となるものです。

　具体的な教育目標を示す「ねらい」とは「幼稚園教育において育みたい資質・能力を幼児の生活する姿からとらえたもの」であり、領域（健康・人間関係・環境・言葉・表現）ごとに「ねらい」と「内容」が示されています。

保育所保育指針

　厚生労働省が示している保育内容に関する基準です。保育所において全体的な計画の編成や指導計画の作成にあたり従わなければならない、保育所保育における保育の基本となるものです。

　保育所は、保育を必要とする子どもの保育を行っています。そこでは養護と教育が一体となって、豊かな人間性をもつ子どもを育成するところに特色があります。養護については、生命や健康の保持、情緒の安定、食事や排泄等の基本的生活習慣の確立など、各項目が細やかに書かれています。それは、保育所は子どもにとっての生活の場でもあり、子どもと保育者との安定した情緒的な関係が大切にされなければならないからです。

　乳児保育では乳児の、1歳以上3歳未満児の保育ではその時期の子どもの特性に配慮された内容が、3歳以上の教育では「幼稚園教育要領」との整合性を図った内容が規定されています。

幼保連携型認定こども園教育・保育要領

　内閣府・文部科学省・厚生労働省が示している教育・保育内容に関する基準です。認定こども園において全体的な計画と教育課程の編成や指導計画の作成にあたって従わなければならない、教育・保育の基本となるものです。

　基本的には、幼稚園教育要領と保育所保育指針を融合した整合性のとれた内容となっています。幼保連携型認定こども園としてとくに配慮すべき事項として、「０歳から小学校就学前までの一貫した教育及び保育を園児の発達や学びの連続性を考慮して展開していくこと」「入園時期や登園日数の違いを踏まえ、園児一人一人の状況に応じ、教育及び保育の内容やその展開について工夫をすること」などの配慮が明記されています。

 ## 主な共通点

- 「一人ひとり」と「子どもの自発的・意欲的な活動、子ども相互のかかわり」を大切にする
- 環境を通して行う教育・保育
- 地域への子育て支援
- 保育や教育は、生涯にわたる人間形成の基礎を培う重要な営みであること
- 育みたい資質・能力、幼児期の終わりまでに育ってほしい姿（10の姿）
- ３歳以上の教育内容は同一のもの
- 小学校教育との接続
- 特別な配慮を必要とする子どもへの指導・援助

年齢区分

　日本では、その年の４月２日生まれ〜翌年の４月１日生まれの人が同じ学年となります。幼稚園では、４月１日の時点で同じ年齢の子どもが同学年となり、４月〜３月までの年度途中に誕生日を迎えて年齢が上がったとしても、３月まで学年は変わりません。そのため、たとえば３歳児クラスなら、３歳と４歳の子どもたちがいるということになります。

ミキとタイガ

　ミキは 11 月生まれの４歳です。３歳児クラスの４月から入園して、この４月で４歳児クラスに進級しました。この春、同じクラスには、新たにタイガが入園することになりました。タイガは４月生まれなので、もうすぐ５歳になります。トイレの場所や着がえの置き場など知らないことが多くあり、また初めての集団生活でとまどい、寂しそうにしています。そんなタイガの様子を見たミキが、「こっちに夏みかんの木があるよ。見に行こう！」と誘うと、タイガもうれしそうに二人で園庭に走っていきました。

　ミキとタイガは、生まれが半年以上も違いますが、幼稚園での生活はミキのほうが長く経験していたため、事例のような姿が見られました。多くの子どもたちにとって、幼稚園や保育所は生まれて初めての集団生活になります。そのため、子どものことを理解する際には年齢だけでなく、保育経験も大切な要素となります。

　ミキは、３歳児クラスから卒園まで<u>３年保育</u>^{注1)}を経験することになり、タイガは４歳児クラスから卒園まで<u>２年保育</u>^{注1)}を経験することになります。ミキとタイガはそれぞれ、"<u>３年保育の４歳児</u>"^{注2)}"<u>２年保育の４歳児</u>"^{注2)}ということになります。

注 1）○年保育……入園から卒園まで、保育を受ける年数を指します。

注2）○年保育の△歳児……実際には誕生日を迎えて一つ年齢が上がっていても、多くの
　　　場合、△歳児クラスの子どもたちを△歳児（クラス）と表現します。

お昼寝する？　しない？

　保育所の１歳児クラスの子どもたちがお昼寝を始めました。部屋の奥のほうで
は、午前中に外でたっぷり遊んで疲れたのか、もう半数ほどの子どもがぐっすり
と寝ています。一方、まだ眠くない子どももいるようで、部屋の中央近くでは、半
数ほどの子どもが一人の布団に集まり、何やらおしゃべりをしています。

　同じ１歳児クラスであっても、早くに生まれた子どもと遅くに生まれた子ども
とでは体力や生活リズムが違います。そのため、事例のような様子が見られまし
た。たとえば１歳３カ月の子どもと、１歳11カ月の子どもとでは、発達が大き
く異なるのです。この○カ月という月数を「月齢」といいます。子どもを理解す
るときには、とくに年齢が低いほど、月齢を考慮する必要があります。

　２歳児クラスまで（実際には３歳まで）の子どもたちは、発達の差が大きく、
また、まだまだ大人の手助けが必要な年齢です。そのため、子どもの人数あたり
の保育者の人数も多く配置されています。

　そして、保育所では０歳児〜２歳児クラスを「乳児クラス」または「未満児ク
ラス」、「低年齢児クラス」などと呼び、３歳児クラス〜５歳児クラスを「幼児ク
ラス」、「以上児クラス」などと呼び、区別することが多くあります。

　あなたは、幼稚園または保育所に何歳から何歳児クラスに入
園し、何年保育を経験しましたか？　自分の保育経験につい
て書きとめ、まわりの人と紹介し合ってみましょう。

....

....

....

保育者の割合

　みなさんが通っていた高校では、1クラスに何人の生徒がいましたか？

　おそらく、ほとんどの方が40人以下のクラスで、クラスを単位として授業を受けていたと思います。これは単なる偶然ではなく、「高等学校設置基準」に定められているからです。それでは、これからみなさんが保育者になって、子どもたちと共に生活をしていく幼稚園や保育所には、どのような基準が設けられているのでしょうか。

　幼稚園か保育所かによって、クラス規模や子どもと保育者の割合という面では大きな違いがあります。まず、幼稚園は「幼稚園設置基準」において、「1学級の幼児数は、35人以下を原則とする」（第3条）と明記されているため、年齢には関係なく、基本的には最大で35人が1つのクラスにいることになります（3歳児クラスでも5歳児クラスでも同様の基準です）。

　一方、保育所は1クラスの人数の規定はなく、保育士一人に対する乳幼児の数が定められています。保育所に関する規定が記されているのは「児童福祉施設の設備及び運営に関する基準」というもので、そこには以下のように書かれています。

保育士　対　子どもの割合

子どもの年齢	保育士：子どもの人数比
0歳児	1：3
満1歳以上～満3歳未満	1：6
満3歳以上～満4歳未満	1：20
満4歳以上～	1：30

　ここで注意したいのは、幼稚園における35人以下というのは上限であり、保育所における人数比も、あくまでもこれらの基準を下回ってはならない、ということです。

〈幼稚園編〉

　A幼稚園は3年保育をしています。3歳児クラスで入園したユキは、入園当初なかなか園に慣れず、登園を嫌がることもありました。しかし、保育者がゆったりとユキのペースを大切にしながらかかわってくれたこともあり、徐々に幼稚園に慣れ、2学期には毎日笑顔で通うことができるようになりました。また、友だちと遊ぶことも大好きになりました。

　A幼稚園には、3歳児クラスは20人学級が3クラスありますが、4歳児クラスは2クラス編成となるため、30人学級が2クラスになります。そのため2年目の4月にはクラス替えがあり、クラスの友だちの人数も増えましたが、ユキはとまどうことなく新しい担任と大勢の友だちとともに4歳児クラスでの生活をスタートさせ、楽しく園生活を送っています。

考えられること：この園は3歳児クラスも4歳児クラスも35人以下で、設置基準は守られています。そのうえで、「入園したばかりの3歳児にはより目の行き届いた環境で、ゆったりと保育をしたい」という考えから、3歳児クラスの規模を意図的に小さくしています。このような配慮は、多くの園でみられます。

〈保育所編〉

　実習生Bさんは保育所実習に行って、各クラスの保育者の人数の違いに驚きました。子どもの人数は各クラスともに15人だったのに、0歳児クラスには5人も保育者がいて、5歳児クラスには一人の保育者しかいなかったからです。

考えられること：子どもの人数は同じでも、左ページの表の基準にもとづいて考えると、保育者の人数にはこのような違いが生じてきます。ただし、あくまでも基準なので、たとえば5歳児クラスに配慮が必要な子どもがいる場合などは、保育者が2名いることも十分にありえます。

家族・家庭・保護者

家族とは

　夫婦・親子・きょうだいなどを基礎として成り立つ小集団。社会を構成する基本の単位ともいわれています。保育者は「子どもと家族」の両方を支援します。

家庭とは

　家族が日常生活を営む場。家庭には2つの機能があります。

保護機能：病気やけが、事故、災害など子どもの身近に起きる危険から保護する

文化伝達機能：子どもが独り立ちするために必要な「ことば」「知識」「技能」などを伝える

　家庭は、温かく明るい健全な場として、子どもが育つ際に必要な環境であり、そうした環境を「家庭的」ともいいます。保育を必要とする子ども（保育所に入所している子ども）、社会的養護（乳児院や児童養護施設、里親宅などでの養育）を受けている子どもなども、そうした温かく明るい家庭的な環境で過ごしています。

保護者とは

　「児童福祉法」では、「親権を行う者、未成年後見人その他の者で、児童を現に監護する者」（児童福祉法第6条）とされています。おもに父母が保護者であることが多いですが、最近ではひとり親家庭や社会的養護を受けている子どもも増えており、かならずしも父母を指すとはかぎりません。「愛着と責任をもって子どもを保護することのできる大人」ととらえておくとよいでしょう。

　最近は児童虐待、養育不安、両親の離婚によるひとり親家庭の増加、過保護・過干渉などの問題も起きており、子どもの生活の場の質が変化しています。そうしたなかで保育者は、保護者と連携し、子どもたちを守り、育てていく必要があります。

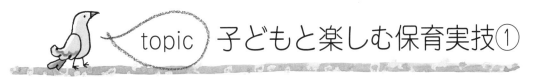

topic 子どもと楽しむ保育実技①

手遊び

　歌やリズムに合わせて左右の手指を動かす遊びを「手遊び」といいます。「むすんでひらいて」「げんこつやまのたぬきさん」「いとまきのうた」など、みなさんも子どもの頃に遊んだことがあるのではないでしょうか。

　手遊びの利点は物の準備がいらず、いつでもどこでも楽しめることです。「あたま・かた・ひざ・ポン」など身体を使ったものもあります。保育者や友だちと歌やリズム、手指や身体を使って表現することを楽しみます。

ペープサート（紙人形劇）

　子どもに人気のある、うちわのような形の手づくり教材です。2枚の厚紙（ボール紙など）のあいだに棒（割り箸や角材）をはさんで貼り合わせてつくります。厚紙の表と裏には、右向きと左向き、泣き顔と笑顔、タヌキが人に変わるなど、対になるもの（人や動物、物や背景など）を描き、棒を手で持って動かしたり、ひっくり返して絵の変化を楽しみます。

　保育者が歌・クイズ・物語などを演じたり、比較的簡単にできるので子どもがつくって自由に遊ぶこともできますし、劇遊びも楽しめます。

保育所以外の児童福祉施設

　家庭で子どもを育てるにあたって、親が病気やけがで養育できない、虐待や育児放棄がある、心身に障害をもつ子ども子どもの養育に悩むなどの困難が生じる場合があります。そのような状況に置かれた子どもは施設で育てられたり、必要とする支援やサービスを受けることになります。このように、家庭の養育機能に代わる役割を社会が担うことを「社会的養護」といいます。

　児童福祉施設は、こうした子どものための様々な事業を行う施設であり、児童福祉法によって設置・運営、福祉措置が定められています。実は保育所も、日中大人が保育できない子どもを引き受ける児童福祉施設の1つですが、それ以外にも、子どもと家庭の状況に応じて、たくさんの種類の児童福祉施設があります。

　児童福祉施設には、そこで暮らす入所型の施設と、家庭で暮らしながら施設に通って療育や子育て支援などのサービスを受ける通所型の施設があります。また、各施設が対象とする子どもの状況は様々であり、必要に応じて、医療や療育、心理的な支援がなされるような体制がとられています。各児童福祉施設の種類と概要は、次ページの表のとおりです。

　ここで対象となる「児童」とは、0歳〜18歳未満の子どもを指します。つまり、生まれてから高校を卒業するまでの子どもです。しかし、高校卒業後の進学や就職が決まったとしても、施設を出て誰の支援もなく生活することは大変なことです。このような理由から、2024年4月より児童養護施設や里親家庭での若者の自立支援は、年齢の上限が撤廃されました。また、障害児入所施設でも、18歳を過ぎての地域生活や成人施設への移行調整等の課題から、23歳になるまで入所を継続できるなど、実体に応じて支援が途切れないような配慮がなされています。

　児童福祉施設では保育士資格をもつ保育者が多く活躍しています。保育士は、施設を利用する子どもと生活を共にしながら必要な支援を行い、子どもの暮らしが、その年齢にふさわしく豊かであるように、工夫をする役割を担っています。

各児童福祉施設の種類と概要（保育所・幼保連携型認定こども園以外）

施設の種類	概要
助産施設	経済的な理由によって、産科に入院して出産することができない妊産婦が、分娩の手助けや新生児のケアを受ける施設。
乳児院	保護者不在や虐待を受けている等の理由により養護を必要とするおおむね3歳未満の子どもを養育する施設。退院後の相談等も行う。
母子生活支援施設	配偶者がいない、あるいは事情により離婚の届出ができない女性とその子どもを保護し、自立のための援助をする施設。退所後の相談等も行う。
児童厚生施設	18歳未満のすべての子どもを対象とし、健全な遊び場を提供して、子どもたちの健康増進や情操を豊かにすることを目的とする施設。児童遊園や児童館などがある。
児童養護施設	保護者不在や虐待を受けているなど、環境上、養護を必要とする子どもを養育する施設。2024年4月より、対象となる子どもへの自立支援の年齢上限が撤廃された。退所後の相談やその他の援助も行う。
障害児入所施設	視覚や聴覚、あるいは四肢など身体に障害をもつ子ども、知的障害、精神障害のある子どもが入所して保護され、日常生活や自立のための知識や技能の指導を受ける施設。「福祉型障害児入所施設」と「医療型障害児入所施設」があり、医療を必要とする知的障害児、肢体不自由児、重症心身障害児は、医療型の対象となる。とくに重症心身障害については、18歳を過ぎても一貫した支援が行われている。それ以外の障害児も必要に応じて23歳になるまで入所継続が可能。
児童発達支援センター	家庭で生活する、身体に障害のある子ども、知的障害のある子ども、精神に障害のある子どもが、日常生活の指導や訓練などを受ける施設。通所している子ども以外にも、その地域に暮らす障害児やその家族、保育所などの障害児を預かる施設の支援を行う。地域全体の障害児支援の中心的役割を担っている。
児童心理治療施設	心理的・精神的な問題から、家庭や学校生活に困難を抱える子どものための施設。家庭から通う場合もあるが、在宅では問題解決の難しい場合は入所して、ほかの入所児や職員と生活を共にしながら問題解決を図る。退所後の相談等も行う。
児童自立支援施設	非行を行った子どもや、保護者の養育放棄などにより基本的な生活習慣が身についていない子どもが入所、あるいは自宅から通い、生活指導、学科指導、職業指導などの必要な指導を受けながら自立を目指す施設。退所後の相談等も行う。
児童家庭支援センター	地域の子どもの福祉に関する様々な問題について、子ども自身や家族、地域の人々などからの相談にのり、児童相談所などと連携をとりつつ、きめ細やかな相談支援を行う施設。児童虐待や引きこもりなど、複雑な子どもと家族の問題に対応する専門職員がおり、関係機関とのネットワークづくりも行う。
里親支援センター	養護を必要とする子どもを施設ではなく家庭（里親家庭）で養育していくために、2024年4月から設置された。乳児院や児童養護施設で暮らす子どもと里親のマッチングや交流の場の提供、委託された子どもの養育計画の作成などの里親支援、里親や委託された子ども等に対する相談支援を行う。

運営主体

　幼稚園・保育所・認定こども園を運営する母体のことを、運営主体といいます。
　たとえば、あなたが通っていた高校は公立・私立のどちらだったでしょうか。幼稚園や保育所、認定こども園にもそうした違いがあります。公立であれば、公の機関が運営を行っています。私立であれば、民間の法人などが運営を行っています。いずれも「幼稚園教育要領」や「保育所保育指針」「幼保連携型認定こども園教育・保育要領」などの法令にもとづき、保育が行われています。

 ## 幼稚園

公立：地方公共団体が設置している公立学校＝公立幼稚園。「幼稚園設置基準」
　　　などに従って設置されています。なお、公立幼稚園の教員は公務員です。

私立：私立学校としての学校法人や個人立。「幼稚園設置基準」などに従い
　　　申請認可を受けることで、幼稚園を設置できます。なお、日本にある
　　　幼稚園の約6割は、学校法人立です。

＊地方公共団体とは、都・県・市・区・町・村などのことです。

 ## 保育所

公立：地方公共団体が設置・運営している児童福祉施設。なお、公立保育所
　　　の保育士は公務員です。

私立：民間の法人や株式会社等が運営している児童福祉施設。最近では「公
　　　設民営」という、地方公共団体が設置し、運営を民間に任せるスタイ
　　　ルもあります。

認定こども園

公立：地方公共団体が設置・運営している教育・保育ならびに保護者に対する子育て支援の総合的な提供を行う施設。なお、公立の認定こども園の保育者（保育教諭）は公務員です。

私立：学校法人および社会福祉法人などの民間の法人が運営している、教育・保育ならびに保護者に対する子育て支援の総合的な提供を行う施設。

 認可／認可外

　認可保育施設とは、設置基準など国の基準を満たしており、市区町村が設置、もしくは都道府県から設置の認可を受けた保育施設を指します。

　認可外保育施設とは、都道府県からの認可を受けずに運営する保育施設を指します。様々な種別がありますが、託児所、家庭保育室、ベビーホテル、居宅訪問型保育事業（いわゆるベビーシッター）などが代表的なものとしてあげられます。

　2つの主な違いは、事業の目的、保育料などの面です。

子育て支援

　かつての日本は、家族やきょうだいの人数が多く、また隣近所など地域の人たちとのつながりが濃い社会でした。子どもはたくさんの人々から目や手をかけられる機会が多かったそうです。しかし、現在では、核家族化や少子化などから、子育てにかかわる人や機会が減ってきています。

　また、保護者が社会で働きつづけながら子育てをする家庭も増え、「産休・育休明けに子どもを預ける保育所が見つからない」「子どもが熱を出したときに看病してくれる人が誰もいない」など、仕事と子育ての両立が難しい状況もよく耳にします。さらに、子育て中に気軽に相談をしたり、情報交換をする機会が得られにくく、孤立してしまう保護者もいます。

　そうした現在の状況に対して、最近の国や社会の考え方として「社会みんなで子育てをしていこう」という流れになってきています。安心して子どもを産み育てる環境づくりや、子どもの健やかな育ちをうながすことを目的に制度を整えたり、人材や情報を提供することなどを「子育て支援」といいます。かつては家族や地域がそれを担っていましたが、現在は地域社会が積極的に担っています。

　そこでの大きな特徴は、すべての子育て家庭を対象に、地域のニーズに応じた様々な子育て支援が行われていることです。

　以下は代表的な支援のプログラムです。
・利用者支援：子育て家庭や妊産婦の困りごとなどに対する情報提供や支援の紹介を行う、地域の幼稚園・保育所などがプラットフォームとなっている。
・地域子育て支援拠点：公共施設や保育所など身近なところで気軽

に親子の交流や子育て相談ができる場所。

・一時預かり：保護者の急な用事やリフレッシュの際に、保育所などで子どもを預かる制度

・ファミリー・サポート・センター：地域の会員同士で子ども預かる・預けるなどの相互の助け合い活動に関して、連絡・調整するセンター。

・病児保育：病中や病後の子どもを保護者が家庭で保育できない場合に、病院や保育所などに設けられたスペースで預かる制度。

・放課後児童クラブ：いわゆる「学童保育」。詳細は66ページ参照。

・乳児家庭全戸訪問：生後4カ月までの乳児のいるすべての家庭を訪問し、子育て支援に関する情報提供や養育環境の把握を行う制度。

また、「幼稚園教育要領」「保育所保育指針」「幼保連携型認定こども園教育・保育要領」でも、地域への子育て支援に努めるよう定められています。

 あなたが住んでいる地域では、どのような子育て支援が行われているでしょうか。市区町村のホームページなどで調べてみましょう。

【住んでいる自治体：　　　　　　　　　　　　　市・区・町・村】

....

....

....

....

....

....

PART

2

知りたい！

保育の実際

幼稚園・保育所の一日

子どもたちは、幼稚園・保育所でどんな一日を送っているのでしょう。まずは、それぞれの大まかな一日の流れを見てみます。

 ## 幼稚園の一日

幼稚園の保育時間は、4時間が標準とされています。

9:00 頃	**登園** 保護者と一緒に、または幼稚園バス等で幼稚園に登園します。「おはよう！」と友だちや先生と挨拶をして、一日のスタートです。 **好きな遊び** 身支度をして、保育室や戸外で好きな遊びを楽しみます。
10:00 頃	**朝の集まり** クラスで集まって朝の挨拶等をします。 **クラスの友だちと一斉の活動や好きな遊び** クラスのみんなと一緒に製作や身体遊び等の活動をしたり、それぞれに好きな遊びを楽しんだりします。
11:30 頃	**片づけ** **昼食** 手洗い・うがいをして、クラスの友だちと一緒に昼食をとります。 **好きな遊び** 昼食後も、保育室や戸外で好きな遊びをします。
13:30 頃	**帰りの集まり** クラスで集まって、保育者と手遊びをしたり絵本を読んだりします。
14:00 頃	**降園** 保護者と一緒に、または幼稚園バスで帰ります。 **預かり保育** 降園後、16:00 頃〜 18:00 頃まで、希望者のみの保育時間です。保育者と絵本を読んだり、好きな遊びを楽しみます。

＊幼稚園における一日の生活の一例です。園によって異なる部分も多くあります。

保育所の一日

　保護者の勤務状況等によって異なりますが、8〜10時間ほどを保育所で過ごします。園での生活は「デイリープログラム」といわれる、一日の大まかな流れはありますが、それぞれの子どもの生活リズムに合わせることも多くあります。

7:00 〜 9:00 頃	**登所（園）**　保護者と一緒に登所します。 **好きな遊び**　身支度をして、保育室や戸外で好きな遊びを楽しみます。
9:30 頃	**朝の集まり** クラスで集まって、朝の挨拶をします。3歳未満児は、牛乳とビスケットなどの軽い**朝のおやつ**を食べます。 **クラスの友だちと一斉の活動や好きな遊び** クラスのみんなと一緒に製作や身体遊び等の活動をしたり、散歩に出かけたり、それぞれに好きな遊びを楽しんだりします。
11:00 頃	3歳未満児は**片づけ・昼食** 手洗いをして、昼食をとります。子どもの生活リズムによって、全員一緒にではなく、時間をずらして昼食になることも多くあります。
11:30 頃	3歳以上児は**片づけ・昼食** 手洗い・うがいをして、クラスの友だちと一緒に昼食をとります。 **休息・睡眠** 3歳未満児は子どものリズムによって、3歳以上児は13:30頃〜15:00頃に、午睡や静かに過ごす休息タイムになります。
15:00 頃	**おやつ**　おにぎりや焼きそばなどの軽食や、お菓子や果物を食べます。 **好きな遊び**　保育室や戸外で好きな遊びをします。
16:30 〜 19:00 頃	**降所（園）**　保護者と一緒に帰ります。 18:00頃からの**延長保育**では、補食として軽い食事をとったりします。保育者と絵本を読んだり、保育室で好きな遊びを楽しみます。

＊保育所における一日の生活の一例です。園によって異なる部分も多くあります。

幼稚園・保育所では、保育者と子どもたちが共に日々の遊びや生活を営んでいます。遊びも生活に必要な活動も、すべてが子どもの育ちにとって大切な時間なのです。

 # 用語の説明

登園・登所／降園・降所

学校では「登校、下校」と表現しますが、幼稚園では「登園、降園」、保育所では「登所、降所」といいます。

＊保育所には、保育園と保育所、2通りの呼び方があります。位置づけは同じですが、法的には「保育所」となっています。そのため、名称がより一般的な「○○保育園」と、公的名称に合わせた「○○保育所」というところとがあります。それに応じて、登園、登所等の言い方も変わります。たとえば、保育所は「登所、所庭、所長」、保育園は「登園、園庭、園長」になります。

保育室や戸外

子どもたちが過ごしている部屋は保育室と呼びます。教室ではないので、注意しましょう。また、戸外とは園舎の外のことで、園庭等を指します。園庭は校庭とはいいません。保育室内での遊びを「室内遊び」、戸外での遊びを「戸外遊び」（外遊び）といいます。

一斉の活動や好きな遊び

活動や遊びには、子どもの実態や保育者のねらい等によって、様々な形があります。クラス全員で同じ活動に取り組む一斉の活動や、少人数に分かれてのグループ活動、また、興味をもった子どもから活動に取り組むということもあります。

好きな遊びでも、たとえば遊ぶ場所を子どもに任せられる場合もあれば、室内か戸外か決まっている場合もあります。いずれも子どもの様子や一日の流れなどが考慮されています。

一斉の活動も好きな遊びも、その取り組み方によって、子どもの気持ちや経験することは異なります。一斉の活動では、多くの子どもたちと一緒に楽しんだり、好きな遊びとはまた異なる遊びなどを経験することもできるでしょう。また、活動に興味をもった子どもから取り組むのであれば、自分か

ら積極的にやろうとしたり、友だちの姿を見ながら「自分もやってみたい」という気持ちが高まって活動に取り組めることもあるでしょう。保育者は、そのようなことも考えながら、活動や遊びの時間を構成しています。

休息・睡眠

　保育所では、子どもが過ごす時間が長いため、体力に無理のないように適切な休息をとる必要があります。睡眠をとることが多いですが、寝なければいけないのではなく、休息がとれることが大切です。保育所保育指針には「一人一人の子どもの生活のリズム、発達過程、保育時間などに応じて、活動内容のバランスや調和を図りながら、適切な食事や休息が取れるようにする」とあります。

　乳児はたいてい睡眠が必要となりますが、幼児は子どもたちの体力に合わせ、寝る子と寝ない子がいたり、時期によっては全員睡眠をとらなかったり等、工夫がされています。その場合も、静かに過ごすなど休息がとれるよう配慮がなされています。

おやつ

「おやつ」と聞くと、３時に食べるお菓子がイメージされますが、小さな子どもにとってのおやつとは楽しみであると同時に、身体が小さく一度に必要な栄養をとれないための不足分を補う大切なものです。そのため、フルーツ、蒸しパンといった、いわゆるおやつに近いものから、おにぎり等の軽食まで様々な工夫がされています。

延長保育

　p.42「延長保育・預かり保育など」を参照してください。

保育者の一日

幼稚園・保育所で、保育者はどのような一日を過ごしているのでしょうか。

 ## 幼稚園での一日

　多くの幼稚園は、子どもたちが9時頃から登園しはじめ、14時頃に降園します。その後、18時頃まで預かり保育をしている園も多くなってきていますが、預かり保育に関しては「教育課程に係る教育時間の終了後等に行う教育活動」とされていて、担当の保育者を置いている園が多いです。ここでは、通常のクラス担任をしている保育者のある一日を見てみましょう。

8:00 〜 9:00	出勤後、子どもを迎え入れる準備 保育室の窓を開けたり、環境を設定する／園庭の掃き掃除をする／朝のミーティングを行う。 →これらは、子どもたちがその日一日を快適に楽しく過ごせるようにする／園庭の環境整備をする／園のスタッフが大切な情報を共有し、その日の保育にあたる準備をする等、保育者の仕事の大切な一部になります。また、園バスがある園は、朝の仕事を済ませてから子どもを迎えに行くことになります。
9:00 〜	**登園**　子どもを迎え入れながら、体調等を確認。 →「おはよう！」と挨拶をしつつ、子どもの表情や手の温かさ等から瞬時に体調を判断することもあります。そして、この時間帯に家庭からの連絡事項も確認し、保育のなかにも反映させていきます。 **好きな遊び**　子どもの様子を見ながら適宜、遊びにも入り、子どもたちと共に過ごします。
10:00 〜	**朝の集まり・クラスの子どもたちの一斉の活動や好きな遊び** 朝の挨拶や話をする。 →子どもたちがその日の流れを確認し、主体的に楽しくクラスの活動や一人ひとりの好きな遊びをして過ごせるよう配慮します。

11:30 〜	**片づけ・昼食** →午前中の遊びの充実感を味わいながら片づけをし、楽しく食事ができるよう、タイミングなどにも気を配りながら声をかけていきます。そして、楽しい雰囲気のなかで食事ができるように配慮します。
13:30 〜	**帰りの集まり** クラスの子どもたちが集まって一緒に一日を振りかえったり、また明日も楽しく登園したいと思えるような集いをする。 →大切な時間であることを意識して、手遊びや絵本なども取り入れ、楽しい時間となるよう心がけます。
14:00 〜	**降園**　保護者に園での子どもの様子を伝えたり、保護者とコミュニケーションをとる大切な時間帯。園バスがある園では保育者も一緒に園バスに乗って、子どもを送っていきます。
降園後	保護者対応（電話連絡など）／子どもの作品を保育室に飾る等の環境設定／保育を振りかえる→保育記録を書く→保育の計画を立てる（明日の遊びを予想し、必要な準備をすることも含む）／教材研究・作成／会議や打ち合わせなど。

＊幼稚園教諭の一日の生活の例ですが、園によって異なる部分も多くあります。

 # 保育所での一日

　保育所における保育時間は8時間が原則とされていますが、実際は多くの保育所で12時間前後、子どもたちを受け入れ、保育をしています。そのため、幼稚園のように、一人の保育者が一日中、保育をすることは不可能なので、保育者はローテーションを組んで仕事をすることになります。

　ここでは、7時半から19時半まで開所している、ある園の保育者の仕事を見てみましょう。

7:15 〜	早番担当の保育者が出勤し、開錠。早朝保育に使う保育室の環境設定
7:30 〜 8:30	**順次登所（園）** **早番の時間帯**　順次登所（園）してくる子どもたちを迎え入れる →乳児・幼児を別々の部屋で早番の保育者が受け入れ、迎え入れます。クラスの子ども以外の子どもも迎え入れるので、子どもや保護者に対して細やかな配慮が必要になります。
8:30 〜	**クラスでの通常保育** →一定の人数の保育者が揃う時間となり、多くの園ではクラスごとの保育に変わります。早番の部屋にクラスの子どもたちを迎えに行き、各クラスで順次登所してくる子どもたちを受け入れながら保育をしていきます。 ※生活の流れに関しては先ほどの幼稚園の表や、「幼稚園・保育所の一日」（p.32〜35）の項目を参照しつつ、保育者の仕事をイメージしてみてください。 **昼食の時間** **睡眠・休息の時間** →子どもにとっての睡眠・休息は、午前中の疲れをとって午後も楽しく元気に過ごすために体を休める大切な時間なので、静かな環境を整えます。子どもの安全を見守りながら、連絡帳の記入や一日の生活の掲示の準備をします。そして、保育記録などを書いたり、打ち合わせをしたり、交代で休憩をとったりします。また、乳児クラスの保育者はこの時間に昼食をとったりもします（幼児クラスは子どもたちと一緒に昼食を食べることが多い）。 **おやつの時間**
16:30 〜	**順次降所（園）** **幼児クラスは合同保育** →早番の保育者から順次、退勤の時間となったり、子どもが順次帰っていく時間でもあるため、合同保育になる場合が多いです。異年齢でのかかわり・遊びを大切にしながらも、一日の疲れが出てけがにつながらないよう、注意をしつつ子どもたちの保育をしていきます。
18:30 〜 19:30	**延長保育の時間帯** →補食として軽い食事などを子どもたちに提供しつつ、ゆったり過ごす時間となります。最後の一人になった子どもも楽しい時間を過ごして帰れるよう配慮します。
全員降所後	戸締まりなど最後の仕事を済ませ、施錠

＊保育士の一日の生活の例ですが、園によって異なる部分も多くあります。

 ## 勤務時間はシフト制

　保育所で勤める保育士の一日の生活を時間に沿って書いてみましたが、す

べてを一人でこなすわけではありません。たとえば、12時間開所の保育所
では、職員は4もしくは5パターンのローテーションを組んで勤務している
ことが多いです。

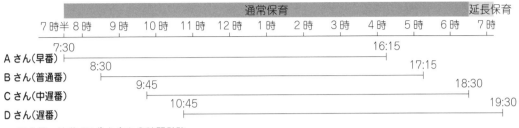

※全員、休憩45分を含む8時間勤務

　図のように、早番の職員は子どもが大勢いる最中に退勤し、遅番の職員は
午前中の保育時間中に出勤をすることになります。最近は保育時間が長くな
り、職員の勤務時間が多様化しているため、職員同士の打ち合わせの時間が
とりにくいことや、保育者がどんどん入れかわってしまい、子どもの保育が
つぎはぎのようになってしまうことが懸念されますが、各園で様々な工夫を
しながら、保育者同士が連携して円滑な保育が行えるよう努力をしています。
　また、保育所は子どもが園にいる時間が長いため、子どもの降園後にまと
まった仕事をすることが難しく、保育時間中に状況を見ながら、一部の保育
者が保育から抜けて必要な仕事をしたり、睡眠の時間帯にミーティングや会
議を行う場合もあります。

ワーク 保育者の仕事には、「子育て支援」も明記されています。みな
さんはこれから詳しい内容については学んでいくことになり
ますが、今、思い浮かぶ内容として、どのような「子育て支
援」があげられますか。箇条書きにしてみましょう。

....

....

....

園の一年

　4月から翌年の3月までを「一年」ととらえ、数カ月をまとまりとした「期」に区分し、年間を見通した計画を立てて保育が進められています。それぞれの園ごとに特色がありますが、ここでは1つの例をあげ、月ごとに一年の様子を見ていきましょう。

1期（4月・5月）　新しい環境に慣れる時期	
4月	入園・進級を迎え、担任保育者や保育室などの新しい環境に慣れる時期です。幼稚園では午前保育のところが多く、保育所では新入園児が徐々に保育時間を延長する保育が行われます。入園や進級の喜びとともに不安もあり、泣きながら登園する子どももいます。しかし、次第に好きな場所や遊びを見つけ、落ち着いて遊べるようになります。
5月	保育者や園の環境に慣れ、生活の流れがわかるようになります。幼稚園では弁当（給食）が始まり、午後2時頃までの保育になります。保育参観（参加）や親子遠足など、保護者が園生活に参加する行事が行われます。
2期（6月〜8月）　園生活に慣れ、自発的な遊びや活動が見られる時期	
6月	身のまわりや友だちに積極的にかかわる姿が見られるようになってきます。制服のある園では衣替えで夏服になります。雨の日が増え、外遊びの機会は減りますが、梅雨どきの自然や動植物にふれるなどして遊びます。
7月	気温が上がって暑くなり、どろんこ遊び、水遊び、プール遊びなど水を使った遊びが楽しい時期です。夏祭りやお泊まり保育などの行事も行われます。多くの幼稚園では7月下旬から8月は夏休みとなります。
8月	保育所では保護者の休暇に合わせて家庭で生活する子どももいます。夏季保育として、異年齢の子どもが共に生活する保育が行われることもあります。

3期（9月〜12月）　安定した生活を送り、遊びや活動が広がる時期	
9月	長期の休み明けで、４月のように不安やとまどいを見せる子どももいます。身体や運動機能の発達に伴って行動が活発になり、身体を動かす遊びが楽しくなる時期です。敬老の日があり、高齢者とふれ合う機会がもたれます。
10月	友だちとのかかわりが深まり、一緒に遊んだり力を合わせて活動する姿が見られます。野菜や果物の収穫も楽しめる時期で、運動会や遠足（園外保育）が行われます。制服のある園では衣替えで冬服になります。
11月	落ち葉や木の実など秋の自然を取り入れた遊びが楽しい時期です。友だちと一緒につくったり、つくったもので遊ぶことが楽しくなるので、お店屋さんごっこをしたり、造形表現展（作品展）などが行われます。
12月	北風が吹き草花や虫が少なくなり、地域によって霜・氷・雪などが観察され、季節の変化への関心が見られます。クリスマスやお正月を楽しみにする子どもも多く、大掃除やもちつきをしてお正月を迎える準備をします。
4期（1月〜3月）　遊びや活動が充実し、進級への準備をする時期	
1月	こま回し、たこあげ、羽根つき、福笑い、カルタ、すごろくなど、友だちと一緒にお正月の遊びを楽しみます。年賀状をきっかけに文字や数字に関心をもつ子どもがいます。寒さを嫌がり外遊びに消極的な子どももいます。
2月	霜柱・氷・雪などの冬の自然を楽しみます。友だちとの結びつきが強まり、グループでの遊びが発展します。一年間積み重ねた経験や作品を発表する機会（生活発表会などの行事）がもたれます。
3月	一年のまとめの時期で子どもの心身の成長・発達、大きくなった喜びや自信が感じられます。卒園や進級を控え期待や希望をもちますが、不安やとまどいをみせる子どももいます。

　園では地域や子どもの状態に合わせ、創意工夫をして保育内容が考えられています。期の分け方、活動や行事は各園によって異なり、子どもの経験や発達の様子も様々です。みなさん自身の経験も思い出してみましょう。

延長保育・預かり保育など

　現代社会の変化に伴って保護者の働き方等も変化してきたため、「延長保育」や「一時保育」「預かり保育」と呼ばれる保育が多く実施されるようになりました。

　たとえば、保育所で保育時間が17時までだとすると、保護者の勤め先から保育所まで1時間かかる場合には、保護者は16時には勤め先を出て迎えに行かなければなりません。一般的には、それはとても難しいことです。そのため、多くの保護者が迎えにこられる時間まで保育所を開けることが多くなっています。

延長保育

　保育所で、通常の保育時間から延長して行われる保育のこと。各家庭の状況により、必要に応じて保育を行います。時間は朝7時〜8時半、夕方17時〜19時半、18時半〜20時等、園によって異なります。

教育課程に係る教育時間の終了後等に行う教育活動

　通称「預かり保育」と呼ばれます。標準の教育時間（年に39週以上。標準1日4時間）以外に、希望者を対象に延長して行われる保育です。実施する幼稚園が増えています。

一時保育

　保護者の短時間の就労や求職などによる週3日等の短時間の保育や、保護者の疾病等による緊急時の短期間の保育、保護者のリフレッシュなどを目的とした1日だけ等の単発的な保育などがあります。

その他

　休日に保育を行う「休日保育」や、夜間に行う「夜間保育」、医師や看護師と連携して病気の子どもの保育を行う「病児・病後児保育」などがあります。

パネルシアター（絵人形劇）

　子どもに人気のある手づくり教材の1つです。毛羽立ちのある布を貼ったボードを舞台にします。「Pペーパー」「パネル布」と呼ばれる不織布（MBSテック130番、180番）に人や動物、物や風景の絵を描いた「絵人形」を貼りつけて、お話・歌・クイズなどを演じます。

　保育者が子どもたちの前に立って演じ手になり、子どもは観客になったり、一緒に参加して楽しんだりします。子どもが絵人形をつくって遊ぶこともできます。

エプロンシアター ®

　子どもに人気のある手づくり教材の1つです。胸当て付きエプロンを舞台にして、凹凸のあるマジックテープ®を利用し、フェルトなどでつくった人形・物・背景などをエプロンに貼りつけて、お話・歌・クイズなどを演じます。

　保育者が演じ手になり、子どもたちは観客になって楽しみます。子ども用の小さいエプロンをつくれば、子どもが演じることもできます。

　®は登録商標です。

行事・記念日

　日本には多くの行事や記念日があり、年間を通して行事や記念日に応じた活動が行われています。

　行事には、日本の伝統を伝えるもの、入園式など園生活の節目を知らせるもの、遠足など通常の保育では経験できないもの、作品展など日常の保育の積み重ねを発表するもの、健康診断や避難訓練など健康や安全を守るもの、誕生会など成長を祝うもの、花まつりや復活祭など宗教にもとづいたものなどがあります。

⑪：幼稚園の行事　㋖：キリスト教保育におけるもの
⑭：仏教保育におけるもの

	園で行われる行事（例）	年中行事・記念日
4月	入園式、⑪始業式、進級式、交通安全指導、父母懇談会	⑭花まつり／灌仏会（かんぶつえ）（8日）、春の交通安全運動（6〜15日）、㋖イースター／復活祭
5月	保育参観（参加）、春の遠足（園外保育）	こどもの日（5日）、母の日（第2日曜日）
6月	保育参観（参加）、（運動会）	虫歯予防デー（4日）、時の記念日（10日）、㋖花の日（第2日曜日）、父の日（第3日曜日）
7月	プール開き、夏祭り、⑪終業式	七夕（7日）、海の日（20日）
8月	夏季保育、宿泊保育	⑭お盆（中旬）
9月	⑪始業式、交通安全指導	防災の日（1日）、敬老の日（第3月曜日）、十五夜／お月見、⑭お彼岸、秋分の日（23日頃）

10月	運動会、秋の遠足、芋掘り	体育の日（第2月曜日）、 ハロウィーン／万聖節の前夜祭（31日）
11月	作品展、バザー	文化の日（3日）、七五三（15日）、 勤労感謝の日（23日）、 ㋖収穫感謝祭（第4木曜日）
12月	クリスマス会、もちつき、大掃除	㊬成道会（8日）、 ㋖クリスマス／降誕祭（25日）
1月	どんど焼き、（もちつき）	正月、七草（7日）、鏡開き（11日）、 成人の日（第2月曜日）
2月	生活発表会（作品展・お遊戯会）	節分（3日頃）、㊬涅槃会（15日）
3月	お別れ会、卒園式、㊗修了式	ひな祭り（3日）、㊬お彼岸、 春分の日（20日または21日）
年間	誕生日会、避難訓練、健康診断	

注）行事名や実施時期は園や地域によって異なります。また、これらはすべて行われるものではなく、園の方針や子どもの状態により精選され、園独自の行事が加えられることもあります。

44～45ページの表を見ながら、幼稚園や保育所で経験した行事、家庭で行っている行事・記念日、地域のイベント（お祭りなど）などを思い出して書いてみましょう。幼い頃の経験を思い出したり、仲間と話し合ったり、家族に聞くなどしてもよいでしょう。

行事・記念日の名称 ....

場所...　時期 ....

内容...

....

連絡帳・園だより

 連絡帳

　多くの子どもたちは園に入る時点で、初めて家族と離れて過ごす時間をもつようになります。それは子どもにとって大きな出来事ですが、保護者にとっても、わが子と一緒にいない時間ができるので、不安を感じる場合があります。

　園でどのように過ごしていたか、友だちとどのように過ごしていたか、どのようなことに興味をもち、何を楽しんでいたのか、入園当初の時期なら泣かずに過ごすことができていたのか等、保護者にとって気になること・知りたいことはたくさんあると思いますが、子どもたちはあまり語ってくれません。

　たとえば保育所では、子どもの一日の姿を家庭と共有するために連絡帳を使います。乳児クラスの場合、起床入眠時間、食事の時間・中身・分量、排便の有無・時間・状態、体温などを事細かに記入します。保育所は子どもの姿を家庭に伝達し、保護者からは家庭での姿を伝えてもらい、子どもの生活を連続でとらえた保育を心がけます。とくに乳児クラスでは、こうした連携が大切です。

　幼児クラスになると、毎日、連絡帳のやりとりをすることは少なくなり、園での様子をクラス単位で掲示するなど、様々な工夫をします。

　また、幼稚園の場合、伝達事項は登降園時に直接口頭で伝えたり、園バス等を利用していれば、連絡帳や電話で必要なことを伝えることもあり、各園で工夫をしています。幼稚園の連絡帳は出席ノートの役割を兼ねていることが多く、子どもたちは登園後、出席シールを貼り所定の場所に提出します。

　ほかにも園は様々な方法で保護者との連携を取っています。たとえば、クラス担任からクラスの様子やクラス集団の姿を伝える「クラスだより」や、園が保育方針や保育内容を伝えつつ、協力や理解を求め、共により良い保育をつくっていくために発行する「園だより」などです。ただし、園によってはクラスだよりが

例）1歳児用連絡帳

	月　　日　　曜	降園予定	時　　　分
	家　庭　か　ら	保　育　園　か　ら	
機嫌	良　　・　　悪	良　　・　　悪	
便の状態	硬・普・軟・下痢　　回	硬・普・軟・下痢　　回	
睡眠	時　分〜　　時　　分	時　　分〜　　時　　分	
体温	起床　　℃	ひるね後　　℃（1歳児のみ）	
朝食	食べた・少し・食べない ●時間 ●食事内容	給食	食べた・少し・食べない ●特記事項
家庭から		保育園から	

ないところもありますし、連絡帳も園やクラスによって内容が異なります。

　いずれにせよ、保育者は子どもの姿を文章で伝えることが非常に多く、それは時に重要な役割をもつため、保育者は文章力（国語力）が求められる仕事であるともいえます。限られた文字数のなかで保護者に何をどのように伝えるのかとい

う "書く力" だけでなく、保育者の子どもを見るまなざし等も読み手に伝わります ので、相手の気持ちを大切にしつつ書くことを心がける必要があります。

はなばたけ幼稚園・園だより

つぼみ組・クラスだより

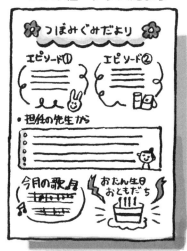

ワーク
1

みなさんが通った幼稚園・保育所などの連絡帳や園・クラス
だよりが家に保管されていたら、ぜひ見てみましょう。そこ
から、あなたはどのような子どもで、どのような園生活を
送っていたのか、イメージしてみましょう。

....

....

....

ワーク
2

昨日、あなたが過ごした一日のなかの一場面を書いてみてく
ださい。読む人があなたの過ごし方を具体的に頭に思い描く
ことができるよう、誰と何をしたのか、何が楽しかったのか
などを文章で書き表してみましょう。

....

....

....

....

二人組になって、書いたものを声に出して読み合い、相手の感想を聞き、
記入してみましょう。

....

....

....

保育の計画

　保育には、「保育の計画」というものがあります。一年間、一カ月等の長期の計画から、一日、その日の遊びといった短期の計画まであるのです。「えっ、好きに遊んでいるように見えて、決められているの!?」と違和感を覚えた人もいるでしょうか。そうではなく、子ども一人ひとりの遊ぶ姿や生活全体を"予測"して、子どもたちがより快適に充実した時間を送り、育っていくための配慮をするのが保育の計画なのです。

　ここで、"計画"とは何か考えてみましょう。

　たとえば、あなたが友だちと映画を観に行く計画を立てたとします。映画の始まる時間を確認し、その前に待ち合わせをして近くで食事をして、友だちと自分が好きな洋服店でショッピングをしてから映画館へ向かうことにしました。

　当日は計画どおり待ち合わせをし、食事をして、洋服店に向かう途中、好みの新しい雑貨店を発見しました。こういうお店、きっと友だちも好きだろうな……と思って友だちを見ると、やはり友だちも興味深そうに雑貨店をのぞきこんでいます。けれど、映画の開始時間を考えると、そのお店に入ったらいつものお店には行けません。そこで、友だちと相談して、雑貨店のほうへ入ってみることにしました。結果、二人は期待どおり、新しいお店を楽しみ、映画を観ることができました。

　ここでは、自分と友だちの思いを出し合い（折り合い）、映画やお店の情報（知識、情報）をもとに計画し、実行したところで新たな発見によって、再度、友だちの思い（折り合い）や、そのためにかかる時間など（状況、経験）から計画変更を判断しています。決して"計画どおり"に行動しようとはしていませんね。

　保育の計画も同じです。子どもの日頃の様子から予測し、こんなふうに遊べたらいいなと願いをもって遊具を用意したり、置く場所を決めたり、声のかけ方を考えたりしますが、当の子どもが保育者の予想を超える楽しさを発見したりする

ことも多くあります。

　その時に、その子どもの思いと状況等からその都度、計画を変更しつつ園生活をコーディネートしていくことが計画なのです。そのための大まかな方向性を確認することも、計画の大きな役割です。

 下の左の欄に友だちと遊びに行く計画を立ててみましょう。行き先だけでなく、待ち合わせや行ってみたいところ、やってみたいこと等、具体的に決めてください。そして、実際に実行してみた結果を右の欄に記録してみましょう。何が楽しかったですか？　心残りなことはありますか？

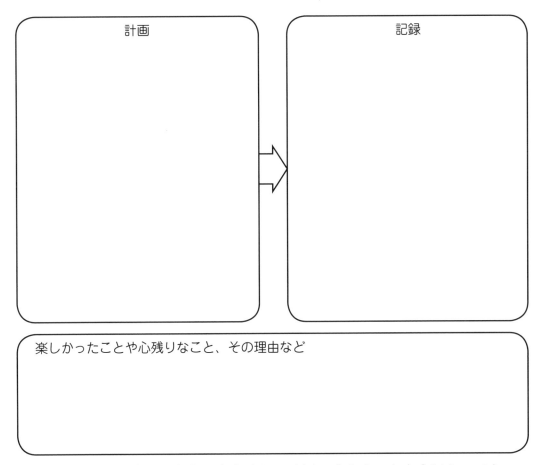

　上の記録欄のように、振りかえりをして次回に生かすことも大切なのです。

行事の展開

　幼稚園や保育所などでは様々な行事が行われます。行事は思いつきで急に行うものではありません。行事の意味や目的を明確にして、子どもの発達や興味・関心をふまえて、「行事のねらい」「子どもが経験する内容」を計画します。子どもの生活が楽しく豊かなものになるように、安全面や衛生面の配慮もしながら入念な準備をしていきます。

　６月末から実習をするハジメさん。事前オリエンテーションで、７月に「たなばた」の行事があることを知りました。そこで、「たなばたさま」の歌を覚え、ピアノを弾きながらうたえるようにしておきました。たなばたに関する絵本や紙芝居を図書館で調べ、何冊か借りて読む練習もしました。また、幼い頃に笹飾りをつくったことを思い出し、製作の本を見て「わつなぎ」や「ちょうちん」「あまのがわ」などをつくってみました。

　実習が始まりました。子どもたちは保育者とたなばたの準備をしていました。ハジメさんが用意した絵本や紙芝居を読むと、子どもたちはいっそう７月７日が楽しみになったようでした。子どもたちはいろいろな飾りをつくって笹竹に飾り、短冊に絵を描いたり文字を書いてつるしました。

　７月７日は全園児が集まり、「たなばたお楽しみ会」が行われました。クラスごとに前に出て得意の歌や遊戯などを披露しました。保育者と実習生はたなばたの劇を演じました。最後に全員で「たなばたさま」の歌をうたって会が終わりました。子どもたちは各自、短冊と笹飾りを家に持ち帰りました。

　次の日には「たなばたさま」をうたいながら絵を描く子どもや、折り紙で笹飾りをつくる子どもたちの姿が見られました。

　ハジメさんが「たなばた」という行事に関心をもち、準備を十分に行って実習

に臨んだことで多くの経験ができたことがわかります。

　幼稚園や保育所などでは、行事は当日だけでなく、行事に興味や関心がもてるように事前に様々な遊びや活動を行います。子どもたちは絵本や紙芝居を見たり、行事の話を聞いたり、歌をうたったり、製作をしたり、踊りをおどるなど、行事に合わせた活動をしながら期待を高めていきます。行事が終わったあとも行事にちなんだ活動や、楽しかったことを振りかえる遊びや活動が行われます。

 ワーク 行事「たなばた」「運動会」「クリスマス」「節分」のなかから1つ選んで、幼稚園・保育所などで行われる活動について、具体的な歌や絵本などを考え、記入しましょう。幼い頃の経験を思い出す、友だちと話し合う、家族に聞く、図書館やインターネットで調べるなどしてみてください。

行事名 .... 時期 ....

歌..

絵本・紙芝居 ....

製作や遊びなど ....

....

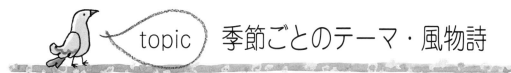

topic　季節ごとのテーマ・風物詩

　四季や行事・記念日にちなんだ遊びや活動が行われます。たとえば「秋」といったら、どのようなものを思い浮かべますか。

　保育のなかで取り上げられることの多いテーマや風物詩を月ごとに紹介します。みなさんも日々の生活のなかで、季節の自然（天候・動植物など）・行事・味覚などを楽しんでみましょう。

4月	春、楽しい幼稚園・保育所、親しみのある動物（うさぎ・犬・猫・熊・パンダほか）、青虫、ちょう、桜、チューリップ、菜の花、たんぽぽ、すみれ
5月	こどもの日、こいのぼり、かぶと、しょうぶ、ちまき、柏もち、母の日、カーネーション、ツバメ、小鳥（愛鳥週間）、かざぐるま、れんげ、あやめ、いちご、さくらんぼ
6月	歯ブラシ、時計、父の日、ネクタイ、かたつむり、おたまじゃくし、カエル、アジサイ、雨、傘、長靴、てるてるぼうず、虹、シャボン玉、どろんこ
7月	七夕、笹竹、笹飾り、短冊、ホタル、水遊び、水鉄砲、水車、色水遊び、朝顔、夏祭り、うちわ、おみこし、縁日、金魚、盆踊り、ゆかた、ちょうちん
8月	海、ヨット、さかな、カニ、入道雲、かみなり、花火、すいか、かき氷、アイスクリーム、風鈴、かぶと虫、くわがた、せみ、ひまわり
9月	秋、お月見、だんご、すすき、うさぎ、月、星、宇宙、ロケット、鳴く虫（スズムシ、コオロギ、マツムシなど）、お年寄り、昔の遊び（お手玉、あやとり、おはじき、ビー玉、メンコ、けん玉など）、ぶどう、コスモス、台風
10月	運動会、赤とんぼ、さつまいも、栗、きのこ、紅葉・黄葉、もみじ、イチョウ
11月	七五三、木の実、どんぐり、まつぼっくり、落ち葉、たき火、焼きいも、渡り鳥、ミノムシ、柿、リンゴ
12月	冬、北風、手袋、マフラー、コート、動物の冬眠、クリスマス、サンタクロース、プレゼント、ケーキ、大掃除、もちつき
1月	正月、お年玉、年賀状、おもち、たこ、コマ、羽子板・羽根、カルタ、すごろく、福笑い、霜柱、氷、つらら、雪、雪だるま、雪うさぎ、スキー、スケート
2月	節分、鬼、福の神、豆、升、チョコレート（バレンタインデー）
3月	ひな祭り、おひなさま・おだいりさま、桃の花、あられ、ひしもち、白酒、春の訪れ、雪どけ、つくし、卒園・進級、お別れ会、卒園式、小学校、ランドセル

注）以上は一例で、園や地域によって異なります。

季節・行事に関する歌・絵本

　保育では季節感を大切にします。夏に雪の歌をうたったり、冬に海水浴の絵本を読むことはありません。ここで季節や行事に関する歌と絵本を紹介しましょう。知っているものに○をつけてみてください。知らない歌の歌詞や曲を調べたり、絵本を探してストーリーや絵を見てみましょう。ほかにも多くの歌や絵本がありますので、図書館や書店で調べてみるといいでしょう。

4月・5月・6月

【歌】チューリップ、つくしんぼ、おはながわらった、ちょうちょ、ぶんぶんぶん、こいのぼり、おかあさん、はをみがきましょう、とけいのうた、かえるの合唱、かたつむり、てるてるぼうず、あめふりくまのこ

【絵本】はらぺこあおむし、おやゆびひめ、たんぽぽ、ちいさなこいのぼりのぼうけん、おかあさんだいすき、ぐりとぐらのえんそく、ははははのはなし、いまなんじ、おりょうりとうさん、雨、あめ、あかいかさ、おたまじゃくしの101ちゃん

7月・8月

【歌】たなばたさま、お星さま、しゃぼんだま、とんぼのめがね、おつかいありさん、水遊び、アイスクリームのうた、ヤッホッホ！ 夏休み、うみ、花火、せみ、おばけなんてないさ

【絵本】たなばたまつり、かぶとむしのぶんちゃん、はじめてのキャンプ、はなび、およぐ、なみ、うみべのハリー、スイミー、うみのむこうは、人魚姫、うらしまたろう

9月・10月・11月

【歌】こおろぎ、虫の声、つき、うんどうかいのうた、まっかな秋、もみじ、でぶいもちゃんちびいもちゃん、やきいもグーチーパー、どんぐりころころ、まつぼっくり、きのこ、小さい秋みつけた、こぎつね

【絵本】つきのぼうや、まんげつのよるまでまちなさい、とんぼのうんどうかい、おおきなおおきなおいも、どうぞのいす、もりのかくれんぼう、さるかにかっせん

12月・1月・2月・3月

【歌】たきび、こんこんクシャンのうた、北風小僧の寒太郎、ジングルベル、あわてん坊のサンタクロース、お正月、たこの歌、もちつき、雪、ゆきのぺんきやさん、まめまき、うれしいひなまつり、一年生になったら、思い出のアルバム、春

【絵本】てぶくろ、てぶくろをかいに、クリスマスものがたり、ちいさなもみのき、かさじぞう、つるのおんがえし、ゆきのひ、ゆきむすめ、はたらきもののじょせつしゃ けいてぃー、十二支のはじまり、もちもちおもち、ないたあかおに、ふくはうちおにもうち、もりのひなまつり、はるかぜのたいこ、はなをくんくん、ぽとんぽとんはなんのおと

注）以上は一例です。地域や園によって取り上げる時期が異なるものもあります。

保育の表現技術

遊びの一環として、絵本や紙芝居を見る、お話を聞く、ピアノに合わせて歌をうたう、歌やリズムに合わせて手指を動かす（手遊び）、身体を動かす（リズム遊び・遊戯）、絵を描く、折り紙を折る、ものをつくる（製作）などが行われています。そのため、保育者にはその知識や表現技術が必要になります。

　　コウジさんは、動物が出てくる『いないいないばあ』という絵本を保育所の１歳児クラス（ヒヨコ組）の子どもたちに読みました。子どもたちは「ばあ」のところでとても喜び、何度も「読んで」とせがまれたので、４歳児クラスでも読むことにしました。すると４歳児から「えー、それ赤ちゃんの本でしょ」「知ってる、ヒヨコ組にあるよ」「ほかのがいい」と言われ、困ってしまいました。
　　＊＊＊＊＊＊＊＊＊＊＊＊＊＊＊＊＊＊＊＊＊＊＊＊＊＊＊＊＊＊＊＊
　　ミワさんは４歳児クラスで得意なピアノを弾いて、子どもたちと歌をうたうことになりました。ミワさんは大好きな曲を流れるように弾きましたが、速すぎて子どもの歌と合っていません。ピアノだけがどんどん先に進んでしまい、とまどった表情の子どももいました。

 コウジさん、ミワさんはどうすればよかったと思いますか。

コウジさんは ....

....

ミワさんは ....
....

　コウジさんは子どもの興味を考慮して動物が出てくる絵本を選んだ視点はよかったのですが、1歳児と4歳児の興味や発達の違いを考えていませんでした。ミワさんは得意なピアノを上手に弾きましたが、子どものうたうペースを考えておらず、子どもに合わせて弾くことができませんでした。
　保育者を目指すみなさんにも、子どもが楽しく遊んだり活動するための表現技術を身につけることが求められます。表現技術にはどのような視点が大切なのか、何に気をつければよいのか、その基本を確認しておきましょう。

　　Point 1　子どもの興味や関心を考える
　　　子どもの興味や関心に合っていなければ、子どもは楽しめません。子どもはどんなものに興味をもつのか、授業や観察のなかで学んでいってください。
　　Point 2　子どもの年齢や発達を考える
　　「子どもとこんな遊びがしたい」と思っても、発達が伴っていなければできません。反対に簡単すぎると興味を示しません。そのため0歳から小学校入学前までの身体の成長や発達、手指の発達、理解力の発達、表現力の発達など、発達の基本を学んでおくことが大切です。
　　Point 3　目の前の子どもを知って子どもに合わせる
　　　子どもの興味や関心を知り発達を学んだら、次は目の前の子どもをよく観察して理解し、子どもに合わせることが必要です。どんなに実習生が得意なことでも、子どもの今の状態に合っていなければ、無理を強いることになってしまいます。

　保育の表現技術には、絵本、紙芝居、童話・物語、ペープサート、パネルシアター、エプロンシアター®、手遊び、リズム遊び、運動遊び、ゲーム遊び・鬼ごっこ、折り紙、お絵描き、製作など楽しいものがたくさんあります。まず好きなことを見つけ、子どもが楽しく活動できる展開の仕方を身につけていきましょう。

ワーク
2

トモキさんは 10 月の幼稚園実習で、5 歳児と新聞紙で「か
ぶと」をつくって遊ぼうと考えました。担任の保育者から「か
ぶとは 5 月（こどもの日）につくったので何かほかのものを
考えてください」と助言を受けました。このことから、保育
の技術にはどのようなことが必要だと考えますか？

....

....

....

ワーク
3

子どもの頃に見たり聞いたり体験したもの、好きだったものを
思い出して、題名（内容やフレーズなど）を書いてみましょう。

おはなし（絵本・紙芝居・昔話・物語・童話など）

....

....

....

うた（童謡や子どもの頃うたった歌など）

....

....

....

手遊び・指遊び

身体を動かす遊び（リズム遊び・遊戯・体操・鬼ごっこ・ゲームなど）

折り紙

製作（子どもの頃につくったもの）

保護者とのやりとり

「連絡帳・園だより」（p.46 〜 49）では、"書く"ということを通して保護者と子どもの姿を共有することを学びましたが、ほかにはどのようなやりとりが考えられますか？

　まず、送り迎えの場面があげられます。園バスで送り迎えをしている園の場合は、じっくり話すことは難しいかもしれませんが、保育者が保護者と顔を合わせることはできます。親子の様子などを見ることが可能な場合も多く、気になることがあったり、必要な場合には電話や連絡帳でこまめに連絡を取ったり、個人面談などを利用してコミュニケーションをとることができます。

　保護者が送り迎えをしている園の場合は、お互いの顔を見ながら必要なことを伝えあったり、何気ない会話を通してコミュニケーションをとることができます。その時、毎日かならず子どものこと・保育のことをきちんと伝えなければならないと気負う必要はなく、笑顔で挨拶を交わしながら一言二言でも話すことが、大切なコミュニケーションになっていくことでしょう。

　年間計画のなかで、一度は個人面談が設定されている園も多く、あらためて時間を設けて保護者と話をする場面を大切にしています。日常の送り迎えのときとは異なり、あえて子どものいない状態で、子どものことをじっくり話せる機会になります。時には保護者が悩みを打ち明けることもあるでしょう。いずれにせよ、「こちらの思いを伝える」「保護者の思いを聞く」のどちらかに偏ることは避け、子どものことを共有できる時間になるよう心がけましょう。個人面談とあわせて、保護者に保育参加や保育参観をしてもらい、保護者に子どもの日常の様子を見てもらうことも多くの園で行われています。

　保育者と保護者の個別のやりとり以外では、クラスの保護者会や園全体の保護者会などもあります。クラスの保護者会の場合、現在の子どもたちの姿を伝える・保護者同士の親睦を深めたり、悩みを共有する機会とする・クラスとしてのねらいや協力を得たいことを伝える、などの機会となります。園全体の保護者会

の場合は、園として保護者に伝えたいこと・協力してほしいことを伝達・共有する場になります。

　以上のように、必要に応じて様々な方法で保護者とやりとりをしていくことになりますが、その際には保育者としての立ち位置を意識し、"保護者にとって大切な子どもを預かって保育をしている者である"ということを念頭に置きます。そして、「相手がどのように受けとめるかを意識しながら振る舞う」「上からの目線にならずに、子どもの成長を共に見守り援助する者としての立場をとる」「安心してもらえるように笑顔を心がける」等を大切にしていきたいものです。

　そのためには、保護者ととても親しくなったとしても、適切な言葉づかいをすること、文面でのやりとりは誤解が生じないよう細心の注意を払うことが必要です。誤解が生じる恐れのある内容に関しては、直接、表情を見ながら口頭で伝えるよう配慮することも大切です。

　一昔前、「先生」と呼ばれる職業は"聖職"といわれていました。子どもや保護者とかかわるときは、表情や所作にも気をつけたいものです。

保育者同士の連携

　夢が叶って保育者になり、担任になったとき、自分のクラスの子どもだけを
しっかり見ていればよいのでしょうか。

　保護者は大切なわが子を"○○先生"という個人に預けるのではなく、"△△
幼稚園（保育所）"に預けています。そのため、園全体で一人ひとりの子ども・
保護者を受け入れ、保育をしていく必要があります。保護者のプライバシーは尊
重しつつ、職員同士で必要な情報を共有し、連携をとりながら保育をしていくこ
とが理想です。

　たとえば、担任保育士が保護者から離乳食に関する相談をされた場合、相談さ
れた人がかならずしも責任をもって対応しなければならないわけではありません。
担任として話を聞き、アドバイスできる部分もあると思いますが、保育所の栄養
士が具体的に話を聞きながら対応をしたほうが適切な場合もあります。

　また、保護者対応の際、園長もしくは所長が対応したほうがよい内容もありま
す。困ったときや悩んだときは一人で抱え込まずに、職場の様々な立場の人や専
門性をもつ人、同僚の力を借りながら解決をしていくことも大切になってきます。
協働する仲間がいることを忘れずに、助け合っていける集団をつくることを心が
けていきたいものです。

　ただ、困ったときに助け合うだけでなく、自分自身を高めていく努力をする必
要もあります。自分自身の視野を広げるため、保育者になってからもつねに学ぶ
姿勢を保ち、研修に参加をすることはとても有意義です。

　経験年数によって機会が設けられる公的な研修（勤務時間中に参加させてもら
える研修）もあれば、個々人が自分の課題に向き合うため、私的に参加できる研
修もたくさん用意されています。具体的には、障がい児保育、保育技術、保護者
対応、事例研究などに関する、いろいろな研修があります。

　一方、園にはそれぞれの価値観（保育観）をもつ保育者が集まっているので、

自分の考え方とはまったく違う考え方をする人に出会うことがあります。そのとき、自分とは違う考え方を新鮮に思えることもあれば、とまどうこともあると思います。しかし、相手が大切にしていることを理解しようとする姿勢でいること、自分の思いを相手にきちんと伝える力をもつことが、他者と共に働くうえで大切になってきます。

　また、ほかの人と何か共同作業をするとき、「私、ここは得意だからまかせて！」と言えたり、「ここは苦手だから、お願い！」と言えると気が楽になりますし、お互いが協力したり分担し合ったりすると、作業をスムーズに進められます。

　もちろん、苦手なものに対して努力することは必要ですが、得意・不得意な分野を認め合い、補い合っていく集団だと素敵ですね！

ワーク　今の自分自身を見つめてみましょう。

あなたの長所（得意なこと）は何ですか？

....

あなたの短所（苦手なこと）は何ですか？

....

自分の長所・短所を踏まえたうえで、人とかかわるときに気をつけていることは何ですか？

....

....

....

フリーと加配の保育者

 ## フリー保育者

　保育者がギリギリの人数で保育をしている場合、保育者が体調を崩したり研修等のために園を離れるときは、園長先生や副園長先生、主任等が保育に入らなければなりません。しかし、そんな時に、必要に応じて保育に入ることができる保育者がいてくれると助かりますね。そのような立場の人を保育現場では「フリー保育者」と呼んでいます。

　フリー保育者は、必要な時期（たとえば年度初め、子どもたちが慣れるまでの時期）や日（担任が休みの日、行事がある日など）、時間（保育所の場合、担任が早番や遅番のため、担任不在になる空白の時間帯や研修などで園を離れる時間帯など）、気持ちが不安定な子どもがいるときなどに保育に入ることが多いです。そして、クラスに関係なく子どもたち全体を見渡しながら保育に入るので、子どもの日常の様子がよくわかるようになります。そのため、クラスに人手が必要になったとき、普段の保育にあまり携わっていない園長先生や副園長先生、主任等が突発的に入るより、フリー保育者のほうがどこのクラスでも臨機応変にサポートできるでしょう。

 ## フリー保育者の種類

　園の規模にもよりますが、フリー保育者のなかでも、役割が決まっている場合があります。

　　乳児フリー：0〜2歳児クラスの保育に主に入る保育者のことです。未満児
　　　　　フリーとも呼びます。
　　幼児フリー：3〜5歳児クラスの保育に主に入る保育者のことです。以上児
　　　　　フリーとも呼びます。

3歳児フリー：とくに幼稚園では、３歳児にはフリーの保育者をつけること
　　　　　　が多いです。ある固定の３歳児クラスに所属するのではなく、いくつか
　　　　　　の３歳児クラスに随時入って保育をする保育者をさします。

加配って？

「加配」とは、クラスに配慮が必要な子ども（障がい児や、障がい児ではないけ
れど丁寧にかかわる必要がある子ども）がいる場合、自治体に加配申請をして認
められ、定数以上に多くの保育者を配置することです（自治体によって、人を配
置する場合もあれば、人を配置できるよう予算を配当する場合もあります）。ま
たは、園独自の予算で保育者を配置する場合もあります。

「加配」は一般的な用語ではありませんが、字のごとく“（必要な場合に）加え
て配置する（される）”と解釈することができます。また、加配保育者は、子ど
もの育ちのために必要と判断し、特別に配置された保育者を意味します。そのた
め、特定の子どもの担当という形で保育に携わりながら、クラス全体の保育を考
える立場になります。

　加配の配置基準は対象とする子どもの状況や障がいの程度にもよります。子ど
もが園生活を送るにあたり、特別にていねいに大人がかかわることが必要な場合
は「１：１対応の加配」に、軽度の障がいであったり、個別配慮は必要であって
も集団生活を送るうえで事細かく
大人が手をかける必要はない場合
は「１：２もしくは１：３対応の
加配」という位置づけになること
が多いようです。

　加配の保育者と担任保育者がコ
ミュニケーションを図りながら、
すべての子どもの育ちを援助する
ことが大切です。

放課後児童クラブ（学童保育）

　子どもが小学生（学童）になるとすぐに、親が帰宅するまでの時間を一人で過ごすことができるようになるかといえば、それはおそらく難しいでしょう。仮にできたとしても、子どもを一人にしておくことは安全上も、子ども自身の生活にとっても良いことではありません。そこで、保護者が働いている等の理由で留守になる家庭の子どもたちのために、放課後、安心して遊びや勉強をしつつ過ごせる「放課後児童クラブ」が、児童館または学校の教室などを利用して提供されています。一般的に「学童保育」と呼ばれています。

　対象となるのは小学1年生（6歳）から6年生（12歳）の子どもで、各学年の発達の特徴をふまえた育成支援が行われています。障害のある子どもや、家庭での養育状況に配慮が必要な子どもに対しても、適切な対応がはかられます。

　放課後児童支援員（保育士や幼稚園・小学校等の教員免許、社会福祉士等の資格をもつ人などが、都道府県の研修を受けることで取得可能な資格）が配置されています。放課後児童支援員は、子どもにとって信頼できる人であることが前提です。そのうえで、子どもが見通しをもって過ごし、基本的な生活習慣を身につけられるように、そして、発達に応じた遊びや生活をしながら、自分の気持ちや意見を表わすことができるように、様々な面から支えることが求められています。

　運営は自治体が直接行う場合もあれば、社会福祉法人などが委託されて行う場合もあります。最近では、NPO法人や民間企業の運営も増えています。いずれも子どもの生活の場にふさわしい広さや設備の整備、子どもの保護者や学校などとの連携や、子ども一人ひとりの人格を尊重したかかわりなどが求められます。

　放課後児童クラブは、こども家庭庁が管轄する事業です。一方、文部科学省は、すべての子どもを対象として、学校の校庭や教室などを活用し、地域の人々の協力のもと、安心して勉強やスポーツを楽しむことができる「放課後子供教室」を推進しています。放課後児童クラブと放課後子供教室が一体的に、あるいは2つの事業が連携して運営されている場合もあります。

PART

3

学びたい！
保育者への道

保育者になるために必要な学び

 ## 生徒ではなく、「学生」であるということ

　大学などでの学びは、保育・子どものことを学びたいという意欲や関心をもった学生が集まっていることが前提になって進みます。そのため、教員の授業の進め方と、学生の授業の受け方がこれまでとは違います。内容も知識を身につけるばかりでなく、考え方を理解し、自分なりの考えをもつことが目的となります。

　保育の営みとは、生身のあなたが生身の子どもとかかわることです。自分なりの気づきを見つめ、考え、行動する、自ら創る"学び"を大切にしてください。

 ## 授業を受けるときは

考え方を理解し、自分の考えをもつこと

　大学などの授業では、教員が自身の考え方や体験を語ることも多いです。知識は教科書にあたれば得ることができますが、自分なりの考えをつくっていくためには、教員の語りが実は大変重要です。どのような考え方があり、それに対して自分はどう感じ、どう考えるのか。授業や教科書もただ覚えていくのでなく、いろいろな角度から考えてみると視野が広がります。

教科書どおりに授業は展開しない

　教科書は授業内容をより理解するために自分で使うものだと考えましょう。授業でも使いますが、わからないときに随時、教科書で調べると効果的です。

黒板に書かれたことだけが重要とはかぎらない

　板書は、教員が要点を示すこともありますが、多くの場合、何が重要かは自分で把握しましょう。話を聞き、考えながらノートにメモを取る習慣をつけてください。そうすることで自分の考えに気づき、自分の学びをつくっていくことにもなります。

「単位」の取り方

　大学などでは、自分で授業を選択し、組み立てて受講することになります。何年間で卒業するのか、幼稚園教諭免許・保育士資格を取得するのか、そのためには、どのような教科を履修し、単位を修得する必要があるのか……。かならず自分でやらなければならないハードルです。詳しくはシラバスを確認しましょう。

履修：教科を必要時間数、受講し、学習することです。

単位：それぞれの教科を履修し、内容を修得した場合に取得できるものです。各教科の単位数は、授業の形態と時間数によって決まっています。

 ## 単位取得までの流れ

　まず、卒業や免許資格を取得するために履修すべき科目と単位数を確認します。

履修登録　　　履修の意思表示です。期限内に行う必要があります。
↓
受講と取得要件　①必要時間数の受講

　　　　　　　　出席：全出席が原則ですが、最低限の必要時間数が決まっています。たとえば3分の2以上の場合、授業が計15コマならば、10コマ以上の出席が必要です。1コマとは1時限で、たいてい90分です。

　　　　　　　　遅刻・早退：それぞれの授業に対して、遅刻・早退があります。たとえば、3限の始まりに遅れてしまった場合には、3限の授業が遅刻となります。

　　　　　　　　②試験やレポート等の合格

　　　　　　　　　出席していればよいということではなく、内容をきちんと修得していなければ、単位は取得できません。試験には、欠席した場合の追試験や、合格に満たない場合の再試験が実施されることもありますが、一度の試験で合否が決まる教科もあるので、注意が必要です。

単位取得　　　取得できなかった場合には、新たに履修登録からやり直します。

保育者になるための教育課程と教科目

　各大学などでは、幼稚園教諭免許及び保育士資格取得のために、国で定められた規則にもとづいて多くの教科目が設定されています。そして、「こんな学びをしてほしい」という各校の考え方にもとづき、履修年次等が配列されています。また、ある教科を修得しないと履修できない教科もあります。そのため、卒業して保育者になるまでに「何を履修するか」だけでなく、「どのように学び、社会人、保育者になっていくか」をイメージすることが大切になります。

　次に、幼稚園教諭免許及び保育士資格の両方を取得することを想定して、主な教科目をいくつか紹介します。みなさんも学校のシラバスを参照しながら、今後の学びを想像してみてください。なお、ここでは国から示された教科名で記していますが、学校によって名称が異なります（幼稚園教諭免許、保育士資格それぞれについて定められた教科目の分類があります。ここではイメージしやすいよう、それらを分けずに各教科の内容から大きく分類しています）。

 あなたの学校では、以下の内容に関する科目にはどのような教科目がありますか。何年次に履修するかも含めて、いくつかあげてみましょう。

主に保育の考え方や内容に関する科目
　保育の意義や考え方を理解する「保育原理」や、保育の内容を理解する「保育内容演習」「保育内容総論」「乳児保育」、保育者とはどのような存在かを考える「保育者論」等を通して学びます。

主に福祉の考え方や内容に関する科目

　社会福祉の意義や制度を理解する「社会福祉」、児童福祉の意義や制度を理解する「子ども家庭福祉」、保護者に対する相談や支援について知る「子育て支援」、社会における子どもの人権擁護やその制度について知る「社会的養護」等を通して学びます。

子どもや家庭について理解する科目

　子どもの心身の発達について理解する「保育の心理学」、子どもの健康やその把握の方法について知る「子どもの保健」、家庭の意義や子育て家庭に関する現状と課題について知る「子ども家庭支援の心理学」等を通して学びます。

教養科目

「日本国憲法」や「英語」「体育」のほか、各大学で教養として必要な教科目が設定され、それらの科目を通して学びます。

下の枠には、シラバスを見ながら、あなたが興味をもった科目とその内容を書いてみてください。または、授業を受けて少し経ったところで、授業の内容を書いてみてもいいかもしれません。そして、今後の学びを想像してみましょう。

教科名	履修年次
内容等	

教科名	履修年次
内容等	

教科名	履修年次
内容等	

教科名	履修年次
内容等	

教科名	履修年次
内容等	

教員とのつながりをつくる

　学生と先生との関係とは、同じく保育に関心をもつ"教員"と"学生"として、学びの環境を提供し合い、お互いに考え合う関係です。ですから、意見交換をしたり議論が交わせれば、教員にとってもこんなにうれしいことはありません。

どの教員に話したらいいの？

　担任という存在がいない学校も多いと思いますし、所属するクラスがないこともあります。話したい内容によって、授業のことなら「教務担当」、学校生活のことなら「学生担当」等の教員がいますので、入学時のガイダンスやオリエンテーションで確認しておくと安心です。また、担任がいないということは、裏を返せば、誰にでも話してよいということでもあります。困ったこと、聞きたいことなどがあれば、近くにいる教員に声をかけてみてください。

教員はどこにいるの？

　大学には、職員室がないことがほとんどです。教員は多くの場合、それぞれの"研究室"があり、そこを中心に動いています。また、教員が集まる"講師室"もあります。場所はガイダンス等で確認しておきましょう。

教員はいついるの？

　教員は出張や研究等で学校にいないこともよくあります。授業の曜日を時間割で確認したり、出校する日を事務室で聞いてみてください。担当している授業のときのみ、学校に来る教員（非常勤講師）もいます。その場合、質問などはできるだけ授業後に聞くようにしましょう。

　また、「オフィスアワー」といって、教員が学生の質問や相談に応じる、決まった曜日や時間を設けている学校もありますので、ぜひ利用しましょう。

資料の整理

　大学や短大・専門学校では、各講義の際にレジュメ（講義の概要をまとめたもの）や様々なデータなどの資料が配布されます。そうした資料は、ほかの講義、実習、卒業論文・研究、あるいは卒業後に保育現場に勤めた際にも必要になることがあります。

　必要なときにいつでも見やすく取り出せるよう、工夫して資料を整理しておくことで、あなたの学びの足あとも整理されます。そうすることで、頭のなかの引き出しもすっきりと整理されることでしょう。

用意するもの

①クリアファイル：もらったらその場で仮にはさんでおけるもの。折れや汚れを防ぎます。家に持ち帰ったら、②に綴じて保管をしましょう。

②各講義専用のファイル：あとで加えたり除いたりできるよう、2穴バインダーや挟み込みレバーつきファイル、クリアポケットファイルにすると便利です。表紙や背表紙には、講義名を書いておきましょう。

＊最初のページに、シラバスや講義進行表を入れておくと、授業の流れをつかみやすいでしょう。

＊色やサイズをそろえると、よりきれいです。

＊様々な用途に合わせたファイルが文具店にありますので、自分の使いやすいものを見つけてみましょう。

＊自分で関心をもち調べたことは、項目ごとにカードやルーズリーフに記録したり、コピーをしたりしてファイルしておきます。たとえば、「かみしばい」「絵本」「手遊び」など。あとで季節ごとにまとめたいときは、カードやルーズリーフを並びかえるだけで簡単にオリジナルの資料が再構成できます。

レポートの書き方

　大学や短大・専門学校では、「あなたが学んだことをどのように受け止め、どのように考えるのか」ということをまとめ、書く力をトレーニングするために、レポートという課題が出される機会が多くあります。

 ## 問題設定をしよう

　レポートのテーマは、何を書けばいいのかすぐわかるように示されることもあれば、書けそうなポイントがたくさんあって迷うような、大きなテーマのこともあります。自分で「どこに焦点をしぼりたいのか」という問題設定をしましょう。

 ## 押さえるべきポイント

・個人の思いを綴った感想文ではなく、文献や資料を引用して客観的な視点から書く。

・文章に「起承転結」がある。

・「なぜ・なにを・どのように」と、自分が考えたことを相手にわかりやすく伝える。

 ## レポートの体裁

・表紙を付ける（レポートのタイトル・講義名・
　担当教員名・提出日・学籍番号・氏名）。

・1枚目は表紙にし、2枚目から本文を書く。

・ページ数を入れる（表紙はページに含めない）。

・ホチキスで左上を留める。

保育内容 人間関係 期末レポート （担当：保田育子先生） —子どものいさかい場面の考察—   2012 年 1 月 30 日提出 児童学科 113298642 林萌子

・文体を統一する（「〜だ、〜である」「〜です、〜ます」。一般的には「〜だ、〜である」）。

・正しい漢字を使い（辞書を引く）、手書きの場合は、相手に読みやすくきれいに書く。

・パソコンの場合は、指定された文字数・ページ数などを守る。

・ダラダラと長い文ではなく、1センテンスは短く。

・まとまりごとに小見出しや段落をつける。

引用文献と参考文献

引用文献

　書籍や発表された論文などから、その一部を抜き出してレポート内に掲載した場合は、「引用文献」として明示しましょう。

・引用をしている箇所には「　」を付け、引用する文章をそのまま入れます。

・引用文が長く、途中で省略する際には、「(中略)」と入れます。

・引用文献は、著者名・書籍(雑誌名)・発行元・発刊年・引用ページを明記しましょう。

　　例1　「　　　(引用文)　　　」[1]

　　　文中内に肩付き数字などを示し、章末や巻末に一覧表記する。

　　例2　「　　　(引用文)　　　」(小川 , 2010, pp. ● - ●)

　　　文中内の引用箇所のあとに、著者名字、発表年、引用ページを入れ、章末や巻末に

　　　正式な引用元を掲載する。

　　　(章末や巻末に) 小川博久『遊び保育論』萌文書林、2010 年、p. ●

参考文献

　書籍や論文などの文章をそのまま抜き出して掲載はしていないが、内容を参考にして要約などを行い、掲載した場合は、「参考文献」として明示しましょう。参考にした部分が明確な場合は、引用文献と同様に肩付きで数字を入れ、章末・巻末に明示してもよいですし、レポート全体にわたり参考にした場合は、参考文献として、章末・巻末に一覧表記してもよいでしょう。

注意1：レポートや卒業論文などは各教員や大学において、それぞれ定められた表記の
　　　　方法があることもあります。その際はルールに従って明示しましょう。

注意2：本やインターネットに掲載されている文章をそのまま写すことは、「剽窃(ひょうせつ)」といっ
　　　　て、書き手の著作権を侵害し、罰則の対象となります。十分気をつけましょう。

 # 推敲(すいこう)をしよう

　自分で書いた文章を自分で読み、読みづらい部分や誤字脱字を修正することを「推敲」と呼びます。実習先などに提出するときには、推敲後、ほかの人にも読んでもらうことで、自分では気づかなかった問題点や間違いを発見してもらえます。

情報収集の方法

　客観的に物事をとらえるトレーニングをする際、様々な情報が必要となります。また、レポートなどの課題や授業で学んだことを自分自身でより深めてみたい際には、必要となる情報は、書籍や論文、新聞から引き出すことが多くなります。

　しかし、書籍や論文、新聞に書いてあることがすべて正しいわけではありません。物事は様々な角度から見たりとらえたりすることができ、その筆者が書いていることは、その人が考えたある一側面でしかないということも事実です。

　そこでの情報をどのようにとらえて、どう扱うかは一人ひとりの責任になります。情報の取捨選択や総合的にとらえるセンスを「情報リテラシー」といいます。情報リテラシーはたくさんの情報を処理していく経験を積むことで身についてくるものですので、学生時代に様々な書籍や情報とふれ合うことをおすすめします。

書籍を探す

　全国の大学図書館・都道府県図書館・専門図書館などの所蔵・在庫状況などは、「CiNii Books」（学術情報ナビゲータ／国立情報学研究所）で一括検索できます。
https://ci.nii.ac.jp/books/

書籍を借りる

大学・短大・専門学校の図書館

　各校に設置された学部・学科の内容に関する専門的な図書が、学生の学びのために置かれています。もし探している書籍が自分の学校になくても、「CiNii Books」で検索し、ほかの学校で所蔵していれば、自分の学校から請求（貸出希望）できます。

地域の公共図書館

　市区町村立では専門的なものはあまり置いていませんが、都道府県立の図

書館であれば、比較的置いているところが多いです。各自治体の図書館のホームページでは、蔵書検索ができるシステムが設置されていることもあります。

国立国会図書館（東京本館：東京都千代田区、関西館：京都府精華町）
　貸出不可、館内でのみ閲覧可能ですが、日本で出版された書籍は基本的にすべて保管されているので、どうしても見つからないような際にはここへ行き必要な部分をコピーするという、最終手段としての強い味方の図書館。「国立国会図書館サーチ」（NDL Search）では蔵書検索ができます。
http://iss.ndl.go.jp/

大学の教員
　その専門に関しての書籍は、その専門の教員がもっていることが多いです。なかなか見つからない書籍や絶版になってしまって手に入らない書籍も、身近な教員がもっていることもあります。また、「このような内容の本を探している」と相談してみると、希望に合った書籍を紹介してくれるかもしれません。困ったときには聞いてみましょう。

本を買う
一般書店
　新刊や話題の書籍、雑誌などがメインの地元の本屋さん。保育・教育系の専門書を置いている書店は少ないですが、注文をすれば取り寄せてくれます。

大型書店
　紀伊國屋書店、丸善＆ジュンク堂書店、三省堂、LIBRO など。保育・教育系の書籍を探す場合は、人文科学などのコーナーに置いてあることが多いです。リファレンスコーナーなど総合案内があり、本探しのプロがいます。タイトルがわからなくても、その他の条件を聞きながら探し出してくれます。

大学生協や学校の購買部

　学校で使用している教科書や、その学部・学科の専門に関する書籍が販売されています。ほかの書店と同様、在庫がない場合は取り寄せ可能です。

ネット書店

　在庫があればすぐに発送されるので、書店で取り寄せるよりも早くて便利。実際に手に取って中身を見ることはできませんが、欲しい本が決まっている場合にはとても重宝します。

古書店

　老舗では東京であれば神保町、京都であれば百万遍（京大裏）など。新しいところではチェーン店のブックオフや、ネット書店の「amazon.co.jp」でも古書を扱っています。

 ## 新聞を読む

　新聞に書かれている情報は、新聞社に所属する記者による綿密な取材によって集められ、内容や表現に間違いがないかなど厳しいチェックを経て、毎日私たちの手元に届いています。そうしたプロセスを経てきているため、情報の質は高く、大半は確実であるといえるでしょう。

　近年、「電子版」を配信する新聞社が多く見られるようになりました。電子版は自社のホームページやソーシャルメディアを通して配信されています。

　しかし、多くの新聞の電子版は、記事のすべてを読むには有料契約が必要です。無料で読める範囲の情報では、情報として不足しているという難点があることは注意しましょう。

 ## 新聞記事を検索する

　購読者数が多い朝日新聞、毎日新聞、読売新聞、日本経済新聞などは、創刊〜現在までの膨大な記事が検索できる独自のデータベースをもっています。個人で導入するには費用が高すぎるため、データベースが導入されている大学や公共図書館で利用しましょう。

・朝日新聞「聞蔵Ⅱビジュアル」

・毎日新聞「毎索」

・読売新聞「ヨミダス歴史館」

・日本経済新聞社「日経テレコン21」

 ## インターネット上の情報を検索する

　近年、圧倒的な情報量をもつインターネットの記事なども見逃すことはできません。Googleやyahoo!などのポータルサイトで関心のあるキーワードを入力すれば、まさに星の数ほどの情報が検索結果として並びます。そこには上記の新聞やテレビ局などが発信している記事もあれば、個人が趣味で書いているブログなども多く見られます。

　また、「wikipedia」を代表とする、インターネットの双方向性を利用した百科事典などからの情報も多く見られます。それらは自由に記事の執筆や修正ができる参加型・発展型の百科事典であるため、残念ながらデマや誤った情報などが含まれていることもあります。

　インターネットから確かな情報を得るためには、その真偽を見極める目をもつ必要があります。各省庁や自治体のホームページの情報は、信憑性の高い情報が掲載されており、推奨できます。

　インターネットからの情報をレポートや論文に掲載する際には、ホームページのURL、検索した日時を明記しましょう。

　例）内閣府ホームページ「出生数及び合計特殊出生率の年次推移」http://www8.cao.
　　go.jp/shoushi/shoushika/data/shusshou.html（最終閲覧日：2018年2月14日）

事例の読み方 ①

　事例とは、実際の具体的な例のことで、誰かが、または自分が経験した子どもとのかかわり等について書かれたものです。他者の事例からは、自分が経験していなくても、様々な子どもの姿やかかわり方を知ったり、考えてみたりすることができます。また、自分の事例からは、客観的に自分のかかわり方を見つめてみたり、その時には気づかなかった子どもの気持ち等に気づいたりすることができます。それでは、実習生の書いた実際の事例と、事例を読んでの学びを少しだけ紹介します。

氷オニ

　4歳児クラス、6月のことです。私は4人の子どもと園庭で遊ぶことになりました。SちゃんとTちゃんは「氷オニがやりたい」と言い、Kくんは「鬼ごっこがしたい」、Aくんは「ケイドロがしたい」と言いました。意見がバラバラなので、私は「それなら氷オニも鬼ごっこも、ケイドロも順番にやろう」と提案しようと思ったのですが、それでは何か違うと思ってどうしようかと迷ってしまいました。
　するとKくんが「だったら、僕、氷オニでいいよ」と言いました。私はAくんに「Kくんは氷オニでいいって言ってくれてるんだけど、Aくんはどう？」と聞いてみましたが、Aくんはそれでも「ケイドロがしたい」と言います。結局、人数が多かった氷オニをやることになり、始めました。Aくんは「やりたくない！」と砂場のほうへ行ってしまいました。その後、Aくんは砂場で楽しそうに遊んでいたのでホッとしたのですが、これでよかったのかと、また迷ってしまいました。

　この事例に対し、学生からいろいろな意見が出されたのですが、それを紹介する前に、まず、あなたはこの事例を読んでどう考えましたか。

では、実際の意見交換からほんの一部を紹介します。

・なぜ「順番にやろう」と提案しようと思ったのか、そしてなぜ「何か違う」と思ったのか教えてほしい。

　→平等にするのがいいかなと思って、提案しようとした。けれど、それぞれの気持ちの強さが違うように思えたので、このかかわり方で子どもたちが納得できるか疑問に思ったから。

・（自分の体験から）５歳児クラスの子どもなら、説明すれば納得して一緒に遊べたが、４歳児クラスでは難しいのではないか。

・ある程度は我慢して遊ぶことも必要なのではないか。遊んでいるうちに気持ちが変わるかもしれない。

・楽しくなってくれたらうれしいけれど、そうでなかったら、なぜ楽しくなかったのかの理由も考えたい。我慢して参加することが、楽しい遊びだとは思わない。

　さて、あなたはどう考えますか？　先ほどの考えが少し変わったり、強くなったりした人もいるのではないでしょうか。

　この事例を紹介してくれた学生は、自分が考えたかかわり方が「何か違う」と思った理由として「子どもそれぞれの気持ちの強さが違った」と振りかえっています。また、事例を読んだ学生も、「我慢して遊ぶことも必要」とか「我慢して遊ぶのはおかしいのでは？」など、自分なりの考えを明確にしています。このように、自分の考えが明確になったり、ほかの人の意見に刺激を受けて自分の気づきが深まったりすることが、事例を読んで意見交換するおもしろさです。

　また、年齢や時期（ここでは６月）などは、子どもを理解する手がかりになりますので、事例に書かれているそれらの情報も含めて考えていくことも大切です。

　事例は、具体的に想像し考察するためにも、疑問点や共感した部分等に線を引いたり、書き込んだりしながら、しっかりとイメージして読みましょう。

　最後に、事例はその人が子どもと出会って心に残した大切な場面の一つです。そのことに敬意を払い、心を込めて読んでください。

事例の読み方 ②

　みなさんはこれから保育者になるために、たくさんの実習をすることになります。子どもたちと保育者が共に生活をしている場に行って実習生として身を置き、たくさんのことを感じ、考え、学んでいきます。

　また、実習のあとには、あなたが気になったこと、疑問に思ったこと、感動したことなどを実習記録に書き込みます。そして実習を終えたら、みんなで記録を持ち寄り、教員と共に記録のなかに書かれた事例をもとにして学んでいくのです。

　では、なぜ事例を使う授業が多く用意されるのでしょうか。そのことを考えてみましょう。

先生に言ってやる

　園庭で遊んでいたとき、AくんとBくんがけんかを始めた。近くで遊んでいた私（実習生）は、二人とも5歳児だったので、すぐには声をかけず、やりとりを聞いていた①。どうやら、Cくんが自分でつくった泥団子を見せるためにAくんに渡したが、Aくんはもらったものだと思い込み、握りつぶしてしまった。そして、Cくんの悲しんでいる様子を見たBくんが、Aくんに対して怒ったようである②。

　しかし、Aくんは「なんでBが口出しをするんだよーっ」とBくんに対して怒っている。Cくんもすぐ側にいたので、3人でどのように解決をするのかなと思いながら見ていると、いつまでも解決しない状況にしびれを切らしたらしきBくんが、「先生に言ってやる」③とAくんに向かって捨て台詞を言ったが、Aくんも「いいよ〜」とにらみつけている。そのまましばらくにらみ合ったあと、Bくんは保育者を探しに行った。Aくんは地面をにらみつけ、その場を動かない。

　成り行きが気になって見ていたかったが、3歳児のDちゃんとEちゃんに「ブランコ押して〜」と両手を引かれ、その場を離れることになったため、その後の様子を見ることができなかった④。

　この事例を読んで、あなたはどこか気にかかる箇所はありましたか？　もしく

は、もっと知りたいと思う箇所はありましたか？

　では、この事例を読んでみんなで話し合うことができそうな部分をいくつかあげてみることにします。

　　　①二人とも５歳児であったので～
　　　　⇒"５歳児だから"と、どういうことを期待したのだろうか。また、自分
　　　　　だったら、どうするだろうか。
　　　②泥団子によって怒ったり悲しんだりする子どもたちの姿
　　　　⇒この子どもたちにとって泥団子はどういうものだったのだろうか。「ま
　　　　　たつくればよい」と、すぐに切りかえられるものではないらしい。
　　　③「先生に言ってやる」というＢくんの発言
　　　　⇒Ａくんのことを言いつけるためだったとすれば、好ましくない？
　　　④その後の様子を見ることができなかった
　　　　⇒自分だったら、このような場面でどうするだろうか。

　ちなみに、実際にこの記録を書いた学生は、Ｂくんの「先生に言ってやる」という台詞を肯定的にはとらえていませんでした。しかし、ほかの学生から、「そのセリフは一種の先生への信頼感の表れでもあるのでは？」という意見を聞き、そういうとらえ方もあるのかと思ったそうです。

　実際のところ、Ｂくんがどのような気持ちでその台詞を言ったのかは誰にもわかりません。そして、このように気になった場面を書き出し、事例を検討することは、「～であった（はず）」という答えを求めることが目的でもありません。もう一度、ていねいにいろいろな方向・角度から考え、「次回同じようなことがあったとき、どのように理解し、どのようにかかわることができるのだろうか」と深く考えることに意義があるのです。

　その時、一人でじっくり考えることも意味がありますし、友人や先生と共に考えることで自分にはない意見にふれ、考え方が広がることにも意味があります。

グラフや統計の読み方

　統計は、テストの平均点、TV の視聴率、野球の打率、平均寿命や出生率など、つねに私たちの身近にあります。社会の出来事や、調査や実験データを数値化し、理解するための「道具」としてとらえることができます。それを見やすく図式化したものがグラフです。調査結果がグラフになっていると目で見てわかりやすく、簡単に理解することができます。

　たとえば「あなたは週に何回コンビニに行きますか？」という調査があったとします。過疎の村では、コンビニの数が少なかったり、コンビニ自体が無かったりする地域もあります。そのため、過疎の村と、歩けば 50m 置きにコンビニがある都心の地域とでは、まったく異なった結果が出ることでしょう。対象年齢でも、あまりコンビニになじみのない高齢者に向けて行うのと、10 〜 20 代のコンビニを便利に使いこなす若年者とでは結果が異なってきます。

　また、この 2 つを掛け合わせて考えてみると、都市部に住むコンビニになじみのある高齢者は、最寄りの便利な商店として使用する層も多いかもしれません。一方で、過疎の村の若年者では、コンビニの数が少なかったり、コンビニ自体が無い理由から、利用する層が少ないかもしれません。

　そうした偏りという意味において、誰に向けて、どの年齢層に向けて行ったのか（回答者の属性）や回答者数の大小（母数）に注目して、グラフや統計を見ていく必要があります。

例）問：1 週間に何回コンビニを利用しますか？

　対象地域：東京都内←その調査をどこの場所で行っているのか（対象地域）

　対象年齢：X 大学 2 年生（18 〜 20 歳、男女）←誰に向けて行っているのか（対象年齢）
　　や学年など

　方法：質問紙調査（5 件法　マークシート、全 10 問）←どのような方法をとっているのか（調査方法）

対象人数：配布数 100、回収数 90 ←どれくらいの人数に向けて行っているのか（母数）

有効回答数：85（回収率 85%）←どれくらいの回答数があるのか（有効回答数）

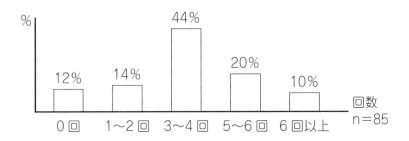

　こうした調査結果やグラフを読み解く際には、「リサーチ／データリテラシー」を身につける必要があります。

「リサーチ／データリテラシー」とは、数字やデータを理解するための基礎知識のことで、リサーチ／データリテラシーなしに統計の数字や調査データを読もうとするのは、運転免許をもたずに車を運転するようなものです。これを知らずに数字やデータを読むと、大きく判断を誤る可能性があります。

　国の統計は、全数調査といって全国民に対して行う統計が多く、信頼性が高いということができます（たとえば国勢調査など）。しかし、インターネットでのアンケートなどを代表として、様々な手法や企業、個人などの調査元も存在します。そうした統計データを見る際には、上記のポイントを押さえて批判的に見ていくことが必要です。

 ## 見てみよう

①総務省統計局 HP「なるほど統計学園」

　　中高生向け。統計に関する基礎知識がアニメーション形式で説明されています。

②総務省統計局 HP「政府統計の総合窓口 e-Stat」http://www.e-stat.go.jp/

　　国が行っている統計がすべてまとまっている HP です。キーワード検索もできるので、教育や子どもというキーワードを入れて統計結果を調べることもできます。

実習1　内容と心構え

　入学したばかりの学生に、楽しみにしていることは何かと聞くと、「実習が楽しみです！」という答えが返ってくることがよくあります。

　実習とは、実地体験学習のことで、幼稚園や保育所、児童福祉施設等の"実地"（よく「保育現場」といわれます）で実際に保育を体験し、学習することです。そうです！　子どもたちと一緒に遊び、一緒に食事をするなど、多くの時間を共に過ごすことができるのです。

　もちろん、それ以外にも朝の掃除や遊具の整備、安全管理、子どもたちと遊びながらの環境整備や帰ったあとの翌日の準備、一日の記録や考察など、表面だけではわからない、様々な保育の仕事を体験することになります。このような体験を通して、保育者の仕事や子どもたちのこと、家庭のこと、地域のこと、そして保育者になろうとする自分自身への理解を深めていくのが"実習"なのです。

　学校によって実施される時期は異なりますが、幼稚園教諭免許・保育士資格取得のために履修しなければならない科目の一つでもあります。

 幼稚園実習・保育所実習・施設実習がありますが、それぞれをいつ頃行うのか、シラバス等で調べてみましょう。

教科名	実習施設	実習時期

実習は学校外の保育現場で行います。そこには保育者と子どもたちの日常の生活があります。そこで外部の人である実習生（あなた）を受け入れてくださるわけですから、「実習させていただく」という謙虚な気持ちで臨みましょう。

実習ができる背景には、実習園と学校との信頼関係があります。学校として保育現場に実習の依頼をし、承諾を得て、必要な手続きを経て、初めて実習が成り立つものなのです。実習が始まるまでには、提出物や検査、実習先への連絡などが必要となります。

また、実習には「実習指導」という授業がありますので、内容をきちんと把握し、指示どおりに進めるようにします。これらの準備が不十分な場合には、実習に行けなくなってしまうことも、当然あり得ることです。準備すべきことをしっかりとし、自信をもって実習に臨めるようにしたいですね。

ワーク 実習までの手続きや、実習に関する情報の把握の仕方等、説明されたことをまとめて書いておきましょう。

....

....

....

実習期間中は保育に参加し、記録を書き、翌日の準備をする毎日です。体調管理なども大変重要になります。アルバイト等をしながらの実習はできません。

また、軽い気持ちで臨んでしまうと、子どもや保育者にとって大変な迷惑になりますし、自身にとってもつらい体験となってしまいます。保育を学び進めるなかで、もしも、実習に行きたくないという気持ちが出てきたり、保育の道に対して迷いが生じることがあれば、早めに教員に相談してみましょう。

守秘義務

実習に行くことは、そこで生活している人（子ども、利用者、園の教職員など）の個人情報を知ることにもなります。幼稚園教諭や保育士には、知り得た情報を漏らしてはならないという「守秘義務」があります。そして、実習生にも同じことが求められます。帰り道に子どもや保護者の話題を話したり、実習記録をほかの人に見せたり、SNSに書き込むようなことは決してしてはなりません。

実習2　事前の準備

　実習とは保育そのものを体験するわけですから、前項で紹介した「実習指導」の授業だけでなく、すべての教科が実習とかかわっているといえます。様々な教科で学習した内容を実習と関連づけて理解することも、実習に向けての重要な準備なのです。

ある実習生のつぶやき

　今日は保育所実習のオリエンテーション。園長先生と実習の相談をさせていただきました。「何歳児クラスで実習をしたいですか？」と聞かれ、「2歳児クラスで実習したいです。何でも自分でやってみたいという子どもたちの姿と、保育者のかかわりが見てみたいからです」と答えることができました。乳児保育や保育の心理学で学んで2歳児に興味があったので、実習事前指導で明確にしておいてよかったです。
　「初めての実習だけど、部分実習もやってみたら勉強になりますよ」とご提案いただき、「はい！」と返事をしたものの、何をしたらいいかわからないので、学校に戻ったらさっそく図書館へ行って準備をしてみようと思っています。
　「ここの保育所では、子育て支援事業をやっているので、ぜひ体験してください」と言っていただいたのですが、「子育て支援事業」とは何かがわからず、困ってしまいました。「保育原理」や「子ども家庭支援論」もきちんと学んでおけばよかったと反省しています。
　オリエンテーションは緊張したし、実習記録は不安だけど、子どもたちに会えるのが今から楽しみです。先生方にいろいろと質問しながらがんばりたいと思っています。

オリエンテーション：実習前に実習施設へうかがって、実習の進め方や持ち物等の指示をいただくことです。保育目標や実習施設の概要も知ることができます。

実習事前指導：実習の心構えや準備すべきこと、実習の手続き等に関する重要な授業です。実習後には実習事後指導もあります。合わせて実習指導といいます。

部分・一日実習：一日の保育のなかの、ある一部の時間、担任保育者にかわって活動を展開します。同様に、ほぼ一日や半日の保育を展開することを「一日実習」（全日実習、責任実習）といいます。

実習記録：実習は、ただ保育に参加して終わりではなく、記録をして振りかえることが重要です。翌日の実習に向けての課題を明確にして臨みます。事前指導等で、書き方をしっかりと確認しておきます。

> **ワーク 1** 先輩から、実習で学んだことや難しかったこと、準備すべきことなどを聞いてみましょう。

....

....

....

....

> **ワーク 2** 実習でどんなことを学んでみたいと思っていますか。楽しみにしていることや興味のあることを書いてみましょう。

....

....

....

....

....

....

....

実習3　実習で経験すること

　前項まで、実習の心構えや準備について紹介してきましたが、ここでは実習での経験についてふれたいと思います。まずは、入学して1年に満たない1年生が、幼稚園での実習を終えて書いたレポートを読んでみてください。

〈レポート1〉

　今日が最後の実習だったので、いつも以上に子どもとかかわりたいと思って臨みました。いつも私をたたいたり蹴ったりするKくんが気になっていましたが、最終日の今日、Kくんはほとんどそういうことをしてきませんでした。Kくんが言葉で気持ちを伝えようとしていることがよくわかりました。人との接し方が変化してきたのかなと思うと、Kくんの成長を感じてうれしく思いました。

　今考えると、いつも私はKくんに対して「たたいてくるから嫌だな」と考えていました。しかし、今日は「しっかりKくんと向き合おう」と強く思っていました。Kくんはその気持ちを察してくれたのかもしれません。子どもは大人の気持ちを敏感に感じてしまうのだと気づき、今までKくんに申し訳ないことをしていたと思いました。今後は子どもにそんな思いをさせないよう、かかわり方も考えていきたいです。

＊＊＊＊＊＊＊＊＊＊＊＊＊＊＊＊＊＊＊＊＊＊＊＊＊＊＊＊＊＊＊＊＊

〈レポート2〉

　私はずっとYくんが苦手でした。すぐ不機嫌になるし、友だちをたたくので対応に困ってしまうからです。今日も帰りの支度のときに、Yくんが「うわばき袋がない！」と私のところに来ました。ロッカーの場所を聞いても「わからない」と言うし、まったく違う話をしてくるし、少し「面倒くさい」と感じてしまいました。

　帰りの時間になり、保護者の方が迎えに来たとき、Yくんが「ママだ」と走っていったにもかかわらず、保護者の方はすぐに門のほうへ歩きだしてしまい、Yくんは「ママ待ってよ」と言いながら追いかけて帰っていきました。

　その場面を見て、あの時、私がYくんを少しでも「面倒くさい」と思ってしまったことが重なって、悲しいような複雑な気持ちになりました。Yくんはもしかした

ら寂しいのかな、だからわざと、わかることもわからないと言ったり、「あれして、これして」と要求してきたりするのかな、と考えてしまいました。

　あなたはどのような感想をもちましたか？
　レポート1では、Kくんとのかかわりから「嫌だな」という気持ちをもってしまって、向き合えなかった自分の姿を振りかえり、「子どもにそんな思いをさせないよう、かかわり方も考えていきたい」と、子どもとのかかわりについて大切なことを、実感をもって学んでいます。
　加えて、たたいたりするのではなく言葉で伝えようとしたKくんの変化を成長として喜んでいます。自分のことで喜ぶのではなく、他者である子どものことで喜べるというのは、保育者になっていくためにも、また様々な場面で他者とかかわり合っていくためにも、大切な経験でしょう。
　レポート2では、「面倒くさい」と思ってしまっていたYくんと、保護者の方とのかかわりを目にして、もしかしたらYくんは寂しい思いを抱えているのかもしれないと思い至ります。そして、自分がYくんを「面倒」だと思ってしまっていたことの意味の大きさを感じとっています。だからこそ、「悲しいような複雑な気持ち」になったのでしょう。この学生は、「自分が困る」という視点ではなく、Yくん（子ども）の側から考えることの大切さにふれたのだと思います。

　実習は、机上の学習とは違い、楽しさ、悲しさ、喜び、悔しさなど様々な感情を伴って、大切な学びをしていきます。初めて子どもに名前を覚えてもらったうれしさや、子どもの成長を間近で感じた喜び、子ども同士のけんかを目の当たりにしたときのとまどいや、どのようにかかわったらよいか、わからずに悩むこともあるでしょう。みなさんも、そんな子どもとの出会いを楽しみにしてください！実習での学びは、保育者としても自分自身の成長としても、かけがえのない財産になることでしょう。

保育者として就職する

　大学や短大、専門学校で学び、卒業時に資格・免許を取得して、卒業後はその資格・免許を生かした仕事に就きたいと考えている方も多いと思います。保育士資格や幼稚園教諭免許を取得すると、さまざまな場で専門的に活躍することができます。とくに保育士資格は、保育所、乳児院、児童養護施設などを代表とする児童福祉施設などにおいて幅広く活用できます（児童福祉施設の種別は p.24 ～ 25 を参照）。

　ここでは、企業などへの就職活動とは異なる、保育者としての就職に関する基礎知識について学んでいきたいと思います。

　　　＊ここで示す状況はあくまで一般的な例です。保育者としての就職指導は、
　　　　各学校によって異なります。また、採用時期や条件に関しても各自治体、
　　　　園や施設によって異なります。
　　　＊就職に関する情報は、みなさんの所属する学校の就職担当の教員や就職課
　　　　などに必ず確認し、所属する学校の指導に沿って行ってください。

 ## 求人票の「ここ」を見よう

　「求人票」とは、労働条件を明示した書類のことです。採用側（幼稚園・保育所など）から各学校へと送られてきます。求人票を採用側が送るということは、その学校からの人材がほしいということを意味しています。

　夏から秋にかけての保育職の就職活動シーズンになると、各学校の就職課にはたくさんの求人票が到着し、学生たちが自由に閲覧できるようになっています。

求人票の項目

雇用形態	雇用形態とは、正規職員、非常勤職員（臨時採用、パートなど）の雇われ方の違い。正規職員の場合は、健康保険や年金などの社会保険料を雇用側が半分負担してくれます。
試用期間	「採用後3カ月間は試用期間となります」などと記載がある場合は、試用期間中の雇用形態や各種条件が本採用後とは異なる場合があります。面接時などに、試用期間中の条件をかならず確認しましょう。また、有期雇用という働く期間を定めた雇用の場合は、契約が更新されないこともあります。その際には、正規職員への登用の可能性があるのか確認をしておきましょう。
勤務時間	勤務時間や休暇、残業の有無など。また、残業代の支払方法も、園によって異なります。ただ、保育の仕事は対人援助職であるため、勤務時間を明確に区切れないこともあります。
給与・福利厚生	「給与」として記載されている額は、雇用側が支払う総額です。そこから社会保険、互助会組織の積み立てなどの「天引き」があるため、手取り額はそこからさらに数万円少ない額となりますので、注意しましょう。また、福利厚生とは、住宅手当や家族手当、健康診断費の補助、貯金積み立て制度などを指します。
所在地	保育者は早番や遅番などもあります。通勤時間があまりにも長いと、睡眠時間が削られ、健康に影響を及ぼすこともあります。

 採用方法・試験について

種別	公立	私立
運営・経営の主体	国立 都・道・府・県立 区・市・町・村立　　など	学校法人、社会福祉法人 宗教法人、ＮＰＯ法人 株式会社　　など
身分	国立：国家公務員 都道府県立、区市町村立：地方公務員	私立学校職員（幼） 団体職員（幼・保・こ） 会社員　　など
なるには	自治体が行う公務員採用試験を受験し、合格する	各法人が行う採用試験を受験し、合格する
採用試験内容	一次試験：筆記（一般教養・専門） 二次試験：面接・実技・作文など 三次試験が行われる場合もある	各法人による（筆記・作文・ピアノ・面接などが主）
採用試験の実施時期（自治体や法人によって異なる）	最終学年の6～11月	最終学年の9～12月

幼稚園や保育所を知るために

　幼稚園や保育所などの就学前施設には、さまざまな特徴をもつ施設があります。就職の際、以下の点を参考に考えてみることをお勧めします。その際、求人票やホームページなどだけではなく、実際にその施設へ足を運び、見学をさせてもらうことも大切です。いろいろな施設を見ることで、さまざまな保育の在り方が見え、視野が広がります。

　　　＊見学の際には、学校ごとにルールなどがある場合もあります。自分が所属
　　　　する学校のルールに沿って行ってください。

 ## 見学の際のポイント

・保育の方針・理念：誰が・どのような思いで創設し、どのようなことを大切に保育を行っ
　　ているのか
・職員集団の様子や年齢構成：職員の雰囲気、職員の年齢の幅など
・立地・周囲の環境など：子どもがいきいきと活動し、ほっと安らげる場所か

　そして、「○○」は良い、「△△」はダメ、と保育の批評家になるのではなく、自分がその施設に対して何を貢献できるか、という視点も大切です。学生時代を通じて、自分自身の保育力をスキルアップする努力も忘れないでください。

PART

4

身につけたい！
生活と仕事のマナー

保育者らしさ

　みなさんの「私らしさ」とはなんでしょうか？　すぐに答えられる人もいれば、ちょっと悩んでしまう人もいるかもしれません。自分のこだわりが「私らしさ」に反映されている人もいれば、まわりからの評価が「私らしさ」に反映されている人もいるでしょう。

　『わたし』（谷川俊太郎 文、長新太 絵、福音館書店 刊）という絵本があります。主人公のみちこは、お母さんから見ると「むすめ」、隣のおばさんから見ると「○○さんちの下のお子さん」、外国人から見ると「外国人」、犬から見ると「にんげん」など、「わたし」を見る人によって、「わたし」の呼ばれ方が変わるという興味深い話の絵本です。そう考えてみると、人と人とのあいだで生きている「私らしさ」とは、けっこう曖昧なものかもしれませんね。

　みなさんのこれまでの育ちを振り返ってみても、その時々で求められる「らしさ」は異なったものであったと思います。「泣く」ということを例にすれば、赤ちゃんの頃は泣くことで感情を表すととらえられていたと思います。しかし、高校生になり教室で大声で泣き続けたとすると、何か悲しいことがあったのではないかとクラスメイトに心配されたり、はたまた授業の妨害になると迷惑がられてしまうかもしれません。

　そして、まわりの状況に合わせて適切に振る舞えることが「大人になった」と、とらえられるともいえるでしょう。それを「大人に一歩近づいた」と晴れがましく感じる人もいれば、「本当は自分の思うままに振る舞いたいのに……」と窮屈に感じる人もいるかもしれませんね。

職業別の「らしさ」

　仕事をしていくうえでは、その仕事にふさわしい「らしさ」が求められます。たとえば、のんびりマイペースな消防士では火事は広がり、どんどん延焼していってしまいます。感情のままに人を裁く裁判官では、法律の意味がなくなってしま

います。みなさんの学生という立場を考えてみても、「社会人から見た学生らしさ」と「私が考える学生らしさ」には違いがあります。

　そのように、保育者という仕事にも「らしさ」があります。大人の保護が必要な子どもには、ゆったり・安全・安心した環境が必要とされます。「らしさ」からはずれた振る舞いをする保育者は、極端に言えば子どもの育ちに悪い影響を与えてしまったり、生命の危機につながることもあります。子どもの育ちを援助する保育者、その「保育者らしさ」として何が求められるかについては、入学後の「保育者論」などの講義でくわしくふれていきます。

「らしさ」に染まることで「私」が無くなってしまうのではないかと心配になり、抵抗を覚える人もいるかもしれません。しかし、相手にはどのような自分が必要とされているのかを考えて、そのように振る舞う「私」も、「私の一部」といえるのではないでしょうか。

「学生らしさ」とは、どのようなことを表すでしょうか。

服装

....

話し方や声色

....

目の高さや姿勢

....

　終わったら、まわりの人たちと比べてみましょう。きっと、それぞれの違いが見えてくるはずです。

食事と睡眠の自己管理

　みなさんは基本的な生活習慣が身についていますか。基本的生活習慣とは、食事・睡眠・排泄・清潔・衣服の着脱などについての習慣のことをいいます。

　子どもの基本的生活習慣の乱れが意欲・体力・気力の低下につながることが指摘され、夜ふかしをせず早起きし、毎日朝食をとる大切さが見直されています。

夜ふかし・朝寝坊・朝食抜き

　アユミさんは深夜1時前には寝たことがありません。朝は遅刻しないギリギリまで寝ていて、朝食は食べたことがありません。そして、実習の初日を迎えましたが、いつもの習慣どおり朝食は食べませんでした。子どもたちは朝から元気いっぱいで、かけっこをしたり鬼ごっこをしたりして遊んでいましたが、アユミさんは力が出せず、走れなくなってしまいました。昼食を食べると眠くなり、大きなあくびを何度もして、保育者から気をつけるように注意されました。

＊＊＊＊＊＊＊＊＊＊＊＊＊＊＊＊＊＊＊＊＊＊＊＊＊＊＊＊＊＊＊＊＊

食事づくり

　児童養護施設で実習を行ったハルミさん。子どもたちと朝食をつくることになりました。野菜を洗うところまではよかったのですが、子どもたちのほうが包丁を上手に使えます。ハルミさんの危ない手つきを見て「おねえさん、切ってあげる」と子どもに言われてしまいました。テーブルに食器を並べていると、「違うよ、お茶碗は左だよ」と子どもに教えられました。

　以上は先輩実習生のエピソードです。夜ふかしをして睡眠不足になると頭がすっきりせず、思考力が低下します。朝食をとらないと空腹で力が出せず、子どもと元気に遊ぶことができません。食事の仕度に慣れていないことも問題のようです。

Point 1　十分な睡眠をとり、早寝・早起きの習慣をつけよう

　早寝・早起きの習慣は、実習期間中だけきちんとしようとしてもうまくいきません。睡眠不足は日中の眠気・居眠りを誘います。子どもと一緒に昼寝をしてしまうようでは困ります。

Point 2　朝食をとり、三食規則正しい食生活を心がけよう

　朝食をとらないと力が出ず、子どもと元気に遊ぶことができません。保育者には健康な身体と体力が求められます。

Point 3　偏食をなくし、楽しくおいしくきれいに食べよう

　保育者は子どもと食事をする機会が多く、実習生も子どものお手本になります。手の洗い方、箸や食器の持ち方・扱い方、美しい食べ方を身につけておきましょう。好き嫌いをしないように指導する立場の実習生には、偏食があっては困ります。

Point 4　基本的な調理法や配膳の仕方を身につけておこう

　これから子どもと調理や配膳など食事の準備や後片づけをすることがあります。保育所では離乳食や給食づくりを手伝うことがあるかもしれません。

Point 5　食事や食物に関心をもち、栄養バランスを考えて食事をしよう

　幼稚園や保育所では、子どもが食べることや食べ物に関心をもち、食べることの大切さを感じられるようにする「食育」に取り組んでいます。みなさんには、無理なダイエットや暴飲暴食を避け、日頃から栄養のバランスを考えて、規則正しく食べる習慣を身につけておくことが求められます。主食とおかずをバランスよく食べる食べ方なども身につけておきましょう。

　みなさんは子どもの基本的生活習慣の援助をする立場になります。規則正しい食生活を心がけ、生活リズムを整え、家族に頼らず日常生活に関すること（調理・掃除・洗濯など）は自分でできるようにしておきましょう。

実習での身だしなみ

　身だしなみとは人に不快な感じを与えないように、服装・髪・顔・身辺を整えることをいいます。保育の場では、保育者や保護者が好感をもち、子どもの健康や安全を妨げず、実習生に安心感や親しみを感じるような服装・髪型・化粧・爪・清潔などが求められます。

きれいな爪

　ミカさんは爪をきれいにしていこうと思い、カラフルな花模様にして実習園に出かけました。すると保育者から「爪が長いと子どもの肌に傷がつくので短く切ってください。それに飾りやマニキュアがとれて、子どもの口に入るかもしれないので落としてください」と注意を受けました。

＊＊＊＊＊＊＊＊＊＊＊＊＊＊＊＊＊＊＊＊＊＊＊＊＊＊＊＊＊＊＊

濃い化粧

　アスカさんはしっかりお化粧をして実習に出かけました。外で遊んでいると子どもが急に保育者のほうに走り、「先生、大変、アスカ先生のおめめがとれちゃった」と訴えました。なんと、アスカさんのつけまつ毛が取れて、目の下についていたのでした。

＊＊＊＊＊＊＊＊＊＊＊＊＊＊＊＊＊＊＊＊＊＊＊＊＊＊＊＊＊＊＊

実習時の服装

　マサキさんは子どもが喜ぶと思い、ガイコツが描かれたＴシャツを着ていました。園長先生から「小さい子どもが怖がるかもしれません。子どもが安心して実習生にかかわれるような服を着てください」と言われました。

実習先で爪や化粧、服装について失敗に気づいた先輩の例です。3つの事例からどう身だしなみを整えればいいのか考えていきましょう。

Point 1　化粧

化粧は一度濃くするとノーメイクではいられなくなります。日頃から華美な化粧は避け、ナチュラルメイクを心がけましょう。とくに実習中は濃いアイメイク・つけまつ毛はやめましょう。眉を細くしすぎるのも好ましくありません。

Point 2　髪型・ひげ

長い髪は子どもの顔にかかったり目に入ることがあるので、保育現場では結びます。顔に髪がかかる髪型や長い前髪は、だらしない感じに見えたり、表情がわからないため、子どもから親しみをもたれにくくなり好ましくありません。日頃からさわやかな髪型を心がけましょう。派手なカラーリングも避けたほうがよいでしょう。

男性のヒゲは長く伸ばしたりそり残しがあると、だらしなく見えるので気をつけましょう。

Point 3　爪

爪を伸ばしてきれいにするのは楽しいものですが、保育の場では子どもの安全に配慮し、爪を伸ばしたりマニュキュアはできないことを知っておきましょう。

Point 4　服装

流行の服を着ておしゃれをするのは楽しいことですが、実習直前になって「通勤時の服がない」「保育中に着る服がない」とあわてないように、紺やグレーなどの落ち着いた色のスーツ、襟のあるシャツなど社会人向けの服を用意しておきましょう。また、派手でなく、流行に左右されない、露出度が少なくて動きやすいデザインのポロシャツやトレーナー、パンツなどもあるとよいでしょう。

Point 5　清潔

　相手に不快な感じを与えないように、髪・顔・手足・身体を清潔にし、洗濯された衣服を着用しましょう。香水の香りやタバコの臭いは厳禁です。

Point 6　ハンカチ、ティッシュの保持

　ペーパータオルやエアータオルが普及し、ハンカチやティッシュを使う機会が減少しましたが、保育の場では必需品です。日頃からもつ習慣をつけましょう。

　みなさんには、相手がどう感じるかを考え、TPO（時と場所と場合）に合わせて身だしなみを整えられる人になってほしいと思います。

 幼稚園や保育所などを訪問するとき、実習中の服装や髪型について考え、書いてみましょう。絵に描いてもよいです。

訪問時の服装・髪型	実習中の服装・髪型

声の大きさと話し方

　人は話をするとき、声の大きさや話し方を変えています。みなさんはどのようなとき、どんなふうに声の大きさや話し方を変えていますか。

　保育者は日常的に子ども、保護者、職場の人たちに挨拶をしたり、話をすることが求められる仕事です。どのようなことに気をつけたらよいのか考えてみましょう。

聞こえない挨拶

　実習生のユリさんは朝、歩きながら園長先生に頭を下げ、「おはようございます」と静かに挨拶をしました。しかし、園長先生は気づかず席を立ってしまいました。一方、園長先生は「あの実習生は挨拶ができないようだわ」と思っていました。

＊＊＊＊＊＊＊＊＊＊＊＊＊＊＊＊＊＊＊＊＊＊＊＊＊＊＊＊＊＊

乱暴な話し方

　ワタルさんは登園してきた子どもに大きな声で「おっ、タケシ、おはよう。昨日の続きするか」と声をかけました。すると保育者から「子どもの名前には「くん」や「さん（ちゃん）」をつけてください。子どもはすぐに大人のまねをします。ワタル先生は子どもたちのモデルです。挨拶や言葉づかいもていねいにしましょうね」と助言をいただきました。

　保育の場には子どもの声が響いていて、歩きながら下を向いていたユリさんの声は園長先生に届きませんでした。ワタルさんは親しげに子どもに話しかけたつもりでしたが、呼び捨てにしたこと、ていねいに話さなかったことが問題でした。

ユリさんはどのようにすればよかったか書いてみましょう。

....

....

ワタルさんはどのように話せばよかったか書いてみましょう。

....

....

Point 1　声の大きさ

　声の大きさは TPO（時間・場所・場合）によって調整する必要があります。

　大勢の子どもがにぎやかに遊んでいるとき、園庭やホールなどの広い場所では大きな声が必要ですが、睡眠の時間、公共の場（電車・バスのなかなど）では小さな声で話します。声をかけたのに相手から応答がないときには、自分では大きな声を出したつもりでも、相手に聞こえていないことがあります。TPO を考慮して、相手に伝わるようにはっきりと話しかけましょう。

Point 2　スピード

　話し方が速すぎると聞きとりにくく、話の内容が理解できないことがあります。とくに年齢の低い子どもにはゆっくりはっきり話すようにしましょう。反対に、話し方がゆっくりすぎると要点がぼやけてしまうことがあります。緊急時や急いでいるときには要点をまとめてスピーディに話すことも必要です。

Point 3　言葉づかい

　家族や親しい人と話すときにはラフな話し方でもよいのですが、保育者として子どもや保護者、園長先生や先輩保育者と話すときなどは、きちんとした言葉づかいが求められます。基本的な丁寧語・尊敬語・謙譲語は話せるよ

うにしておきましょう。

Point 4　話し方・姿勢・発声
　人に話しかけるときには立ち止まり、相手のほうに身体を向け、相手の目を見て、口を開けてはっきり話しましょう。緊急時には遠くまでよく聞こえる声を出すことも必要です。背筋を伸ばしてお腹から声を出す練習もしておきましょう。

　保育の場ではみなさんの話し方や言葉づかいが子どもたちのお手本になります。日頃から、自分から笑顔で気持ちよく挨拶をし、適当な声の大きさでていねいに話せるようにしておきましょう。

 近くの人と二人組になり、相手に聞こえるように笑顔で「こんにちは」と挨拶をしましょう。順番を決めて、なるべくていねいな言葉づかいで自己紹介（名前、好きなもの、趣味や特技などを話す）をしましょう。

Step 1　内容を書いてみましょう。　Step 2　自己紹介をします。
Step 3　聞き手が質問をします。　Step 4　質問に対して、ていねいに受け答えをしましょう。

名前...と申します。

好きなもの・趣味・特技・ほか..

....

....

....

立ち居振る舞い

　立ち居振る舞いとは、日常の生活に伴う様々な姿勢や動作のことをいいます。保育の場では、子どもの安全を守ることができ、親しみや好感がもてる姿勢や動作が求められます。また、保育者の姿勢や動作は子どもの手本（モデル）になります。

入室と挨拶
　実習初日の朝、ヤヨイさんは無造作に職員室のドアを開閉し、小さな声で挨拶をしながらペコッと頭だけ下げました。続いて子どもがやってきて、ドアをノックし、大きな声で「失礼します」とていねいにおじぎをして入ってきました。
＊＊＊＊＊＊＊＊＊＊＊＊＊＊＊＊＊＊＊＊＊＊＊＊＊＊＊＊＊＊＊
安全への配慮
　アユミさんは保育室で片ひざを立てて座っていました。サトルさんはあぐらをかいていました。二人は保育者から「子どもが実習生の足につまずいて転ぶこともあります。子どもはあなたたちを見ています。きちんと座るようにしましょう」と注意されました。
＊＊＊＊＊＊＊＊＊＊＊＊＊＊＊＊＊＊＊＊＊＊＊＊＊＊＊＊＊＊＊
子どもを見下ろさないで
　実習生のカオルさんは硬い表情で手をうしろに組み「やすめ」の姿勢で砂場に立っていました。保育者から「上から見下ろされているようで子どもが威圧感を感じてしまいます。子どもと同じ高さになって、笑顔で寄りそっているといいですよ」と助言を受けました。

　以上は先輩実習生の立ち居振る舞いに関するエピソードです。幼稚園や保育所などにおける好ましい姿勢や動作について考えてみましょう。

Point 1　立ち方

　子どもの前では、しゃがむのではなく腰を低くし、子どもと視線を合わせるような姿勢をとるようにしましょう。

　保育の場では「やすめ」のような姿勢（手をうしろに組み、足を広げ、片足に重心をかける立ち方）や腕組み、ポケットに手を入れて立つ姿勢はふさわしくありません。背筋を伸ばして肩の力を抜き、両足をそろえてまっすぐ立ちます。手は自然に下ろし、両足の横に軽くつけるか、前で軽くそろえておきましょう。

Point 2　座り方

　斜め座り・ひざ立ち・あぐらは子どもがつまずく原因になります。立てひざやしゃがんだ姿勢で何かをしたり、体育座りで子どもの様子を観察することも好ましくありません。日頃から正座ができるようにしておきましょう。

　イスに座るときは背筋を伸ばし両ひざを閉じ、両手はももの上に軽く置くようにします。浅く座り背もたれに寄りかかる、両ひざを大きく広げる、足を組む、びんぼうゆすり、ひじをテーブルの上につくなどはしないように気をつけましょう。テーブルの上、物の上には絶対に座ってはいけません。

Point 3　歩き方

　室内や廊下を走らないことはもちろんですが、大股で大きな足音を立てないように気をつけましょう。保育所では子どもの睡眠時には、そっと静かに歩かなければなりません。人とすれ違うときは、やや外側を歩き、笑顔で挨拶や会釈をするようにしましょう。

Point 4　その他の動作

・靴や上履きの脱ぎ履きのあとは、かならずそろえます。
・入室するときにはノックをし、ドアの開閉は静かに行います。
・挨拶は立ち止まり、笑顔で相手の目を見て、相手に聞こえる声の大きさではっきり言いましょう。
・おじぎは背筋を伸ばしたまま腰から曲げるつもりで、ゆっくり頭を下げます。

・物の受け渡しは両手で行い、置く・片づける際には大きな音を立てず、静
　かに行いましょう。

・両手に物を持っていても、絶対にドアを足で開けてはいけません。

・咳やくしゃみをするときは、手で口をおおいましょう。

・鼻をかむときはなるべく音を立てないようにするか、人のいないところで
　かむようにしましょう。

　　立ち居振る舞いは日頃から気をつけていないと無意識のうちに出てしまいます。
相手から好感をもたれるような美しくさわやかな姿勢や動作を身につけておきま
しょう。

 相手の目を見ておじぎをしながら、例を見て、笑顔でていね
いに挨拶をしましょう。

例）

朝の挨拶	おはようございます
昼間の挨拶	こんにちは
夜の挨拶	こんばんは　　　　おやすみなさい
食事の前後	（前）いただきます　（後）ごちそうさまでした
出かけるとき	行ってまいります
帰ってきたとき	ただいまもどりました（帰りました）
先に帰るとき	お先に失礼します
お願いするとき	よろしくお願いいたします　　お願いします
お礼を言う	ありがとうございます（ました）
お世話になったとき	（大変）お世話になりました
謝るとき	申し訳ありません（でした）　以後気をつけます
相手を待たせたとき	お待たせしました
相手が出かけるとき	行ってらっしゃい（ませ）
相手が帰ってきたとき	お帰りなさい（ませ）
相手を見送るとき	さようなら　お気をつけて

注）「ごくろうさま（でした）」は目上の人には使わないようにしましょう。

電話のかけ方

　みなさんは学校や役所などの公的な機関や目上の方などに、ていねいな言葉づかいで電話をかけたことがありますか。ボランティアやアルバイトへの応募、実習オリエンテーションなどで幼稚園や保育所などに電話をする場面を考えてみましょう。

　　リカさんは保育所でボランティアをしたいと思い、応募の電話をかけました。伝えたいことや質問は頭のなかでわかっていたつもりでしたが、いざとなるとあがってしまい、適切な言葉で話せませんでした。面接の日時は覚えていますが、持ち物については全部覚えているかどうか自信がありません。

　リカさんはあらたまった電話をかけたことがなかったので、かなり緊張したようです。電話のマナーを確認しておきましょう。

Point 1　電話をかける前に

・筆記用具を用意し、メモをとれるようにしておく。

・伝えたいことや質問の内容を整理して、紙に書いておく。

・日程調整の場合には、都合のよい日時・悪い日時を書き出しておく（原則として園の都合に合わせる）。

・幼稚園、保育所への電話は登園時（朝9時半頃まで）、降園時（幼稚園は1時半〜2時半、保育所は4時半以降）を避ける。

・固定電話が望ましいが、携帯電話は充電の状態を確認し、静かな場所でかける。

・かけ間違えないように電話番号を確認する。

Point 2　電話中は

・相手が聞きとりやすい声の大きさと速さを考え、はっきりとていねいに敬語で話す。

・自分から、身分（学校名・学科名・学年）、氏名（フルネーム）を名乗り用件を伝える。

・相手の言葉にていねいに返事をする（「うん」「ううん」ではなく、「はい」「いいえ」）。

・要点のメモをとり、大切な内容は復唱（繰りかえして確認）する。

・相手が不在の場合、都合のよい日時を聞いて、こちらからかけ直す。

・電話を切る前にお礼を述べ、相手が受話器を置いてから切るようにする。

筆記用具を用意し、二人組になって練習してみましょう。

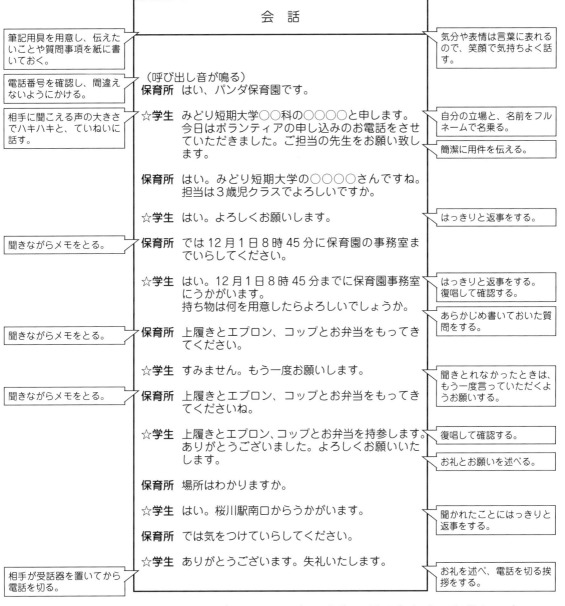

会　話

筆記用具を用意し、伝えたいことや質問事項を紙に書いておく。

電話番号を確認し、間違えないようにかける。

相手に聞こえる声の大きさでハキハキと、ていねいに話す。

気分や表情は言葉に表れるので、笑顔で気持ちよく話す。

（呼び出し音が鳴る）
保育所　はい、パンダ保育園です。

☆学生　みどり短期大学○○科の○○○○と申します。
今日はボランティアの申し込みのお電話をさせていただきました。ご担当の先生をお願い致します。

自分の立場と、名前をフルネームで名乗る。

簡潔に用件を伝える。

保育所　はい。みどり短期大学の○○○○さんですね。
担当は3歳児クラスでよろしいですか。

☆学生　はい。よろしくお願いします。

はっきりと返事をする。

聞きながらメモをとる。

保育所　では12月1日8時45分に保育園の事務室までいらしてください。

☆学生　はい。12月1日8時45分までに保育園事務室にうかがいます。
持ち物は何を用意したらよろしいでしょうか。

はっきりと返事をする。復唱して確認する。

あらかじめ書いておいた質問をする。

聞きながらメモをとる。

保育所　上履きとエプロン、コップとお弁当をもってきてください。

☆学生　すみません。もう一度お願いします。

聞きとれなかったときは、もう一度言っていただくようお願いする。

聞きながらメモをとる。

保育所　上履きとエプロン、コップとお弁当をもってきてくださいね。

☆学生　上履きとエプロン、コップとお弁当を持参します。
ありがとうございました。よろしくお願いいたします。

復唱して確認する。

お礼とお願いを述べる。

保育所　場所はわかりますか。

☆学生　はい。桜川駅南口からうかがいます。

聞かれたことにはっきりと返事をする。

保育所　では気をつけていらしてください。

☆学生　ありがとうございます。失礼いたします。

相手が受話器を置いてから電話を切る。

お礼を述べ、電話を切る挨拶をする。

　電話のマナーは頭のなかで理解していても、実際に話そうとすると難しいものです。日頃から目上の人と話すときにはていねいに話すように心がけましょう。

topic 敬語

　幼稚園や保育所などへ電話をかけるとき、園長先生・保育者・保護者と直接話をするときには友だちのような話し方をすることは好ましくありません。ていねいな言葉の基本として、敬語について確認しておきましょう。

　敬語とは、相手に敬意を表す言葉づかいのことで、尊敬語・謙譲語・丁寧語の3種類があります。

山田明子
と申します。

尊敬語

相手の動作や状態・所有物などに使う、相手を敬_{うやま}い高める表現

相手の動作・状態　→　尊敬語	例文：よく使われる言い方　→　尊敬語の表現（例）
いる　→　いらっしゃる	先生は**いますか**　　→　いらっしゃいますか 　　　　　　　　　　　おいでになりますか
いない　→　いらっしゃらない	先生は**いません**　→　いらっしゃいません
来る→いらっしゃる・来られる 　　お見えになる・おいでになる	先生が**来ました**→いらっしゃいました・来られました 　　　　お見えになりました・おいでになりました
帰る　→　お帰りになる 　　　　　戻られる	帰りました　→　お帰りになりました（帰られました） 何時に**帰りますか**→お戻りになりますか（戻られますか）
言う　→　おっしゃる 　　　　　言われる	言ってました　→　おっしゃいました 　　　　　　　　　　言われました
見る　→　ご覧になる	見ましたか　→　ご覧いただけましたか
知っている　→　ご存知	知っていますか　→　ご存知でしょうか
食べる　→　召しあがる 　　　　　おあがりになる	食べてください　→　お召しあがりください 　　　　　　　　　　おあがりください
（物を）くれる　→　くださる	本を**くれた**　→　本をくださいました

謙譲語

謙虚さを表し、自分の動作や状態をへりくだって言う表現

自分の動作・状態　→　謙譲語	例文:よく使われる言い方　→　謙譲語の表現(例)
名前を名乗る　→　申す	山田明子と**言います**　→　申します
言う　→　申す・申し上げる	お礼を**言いました**　→　お礼を申し上げました
何かをしてもらう　→いただく 物をもらう　→　いただく 　　　　　頂戴する	教えて**もらいました**　→　教えていただきました 手紙を**もらいました**　→　お手紙をいただきました 　　　　　　　　　　頂戴しました
物をあげる　→　差し上げる	絵本を**あげます**　→　差し上げます
物を借りる　→　お借りする 　　　　　拝借する	はさみを**借ります**　→　お借りします 　　　　　　　　　拝借します
食べる　→　いただく	食べました　→　いただきました
行く　→　うかがう・参る	**明日行きます**　→　明日うかがいます・参ります
会う　→　お目にかかる	帰りがけに**会った**　→　帰りがけにお目にかかりました
帰る　→　失礼する 　　　　帰らせていただく	**先に帰ります**　→　お先に失礼いたします 　　　　　　　　　お先に帰らせていただきます
～する　→　～させていただく	休みます　→　休ませていただきます

丁寧語

相手に対して敬意を表わす、ていねいな表現

動作・状態	丁寧語の表現
たずねるとき・確認するとき	これで**いいか**　→　いいですか・よろしいでしょうか
自分が何かするとき	文末に「～する」「～します」「～いたします」をつける
その他	文末に「～です(でした)」「～ます(ました)をつける」

家族や目上の人(先生・先輩など)と敬語で話す練習をしておきましょう。

手紙の書き方

　社会人となると、手紙は「△△保育所　□□組担任　○○」など、職業上の肩書きで書く機会が増えます。学生であっても、たとえば実習終了後に礼状を書きますし、就職活動での書類のやりとりなどにおいても、きちんと宛先を書くことが求められます。

　普段、携帯電話やメール等で簡単に連絡がとれる生活をしていると、手紙を書く機会は少なくなりがちですが、手紙の書き方は必要な基礎知識の1つです。

　では、手紙を書く際にはどのような決まりがあるのでしょうか。礼状など、目上の方にあらたまった手紙を書く場合を想定してみましょう。

 ## 用意するもの

・白無地、縦書きの便せん（模様入りや色つき、横書きのものは避ける）。

・縦書き封筒（B5判の便せんに合わせると、長形4号というサイズが適切。便せんと同じ白無地のもの）。

・筆記用具は、正式には毛筆あるいは万年筆（黒か黒に近い青のインクのもの）。ボールペンや筆ペンなどは略式になるが、学生であれば上質のボールペンが一般的。鉛筆書きは失礼になるので使用しない。便せんと封筒には同一の筆記用具を用いる。

 ## 便せんの書き方

手紙の基本構成は、以下のとおりです。

・前文：「拝啓」など、手紙の最初に書く頭語（かならず末文の結語と対応させる）、季節や天候に応じた挨拶の言葉である「時候の挨拶」からなる。

・前付：相手の健康などを気遣う言葉、自分の安否や近況を簡単に知らせる言葉などを書く。

・主文：「さて」「このたびは」などの起語から書きはじめ、手紙の本題をわかりやすく簡潔に書く。敬語の使い方や誤字に気をつける。

- 末文：手紙の文を締めくくる部分。用件をまとめたり、相手の健康を祈る内容を書く「結びの挨拶」と、前文の頭語に対応した結語（頭語が「拝啓」ならば結語は「敬具」など、決まっている）からなる。
- 後付：手紙の日付、差出人、宛名を記す。書く場所や順番に注意。

※形式的な手紙は弔事以外、2枚以上の便せんで出すのが一般的。1枚で文章が終わってしまったら、もう1枚白紙を添える。

※封入する際、B5判の便せんであれば、書いた面を内側にして三つ折りにする。

手紙の書き方の例（実習のお礼状）

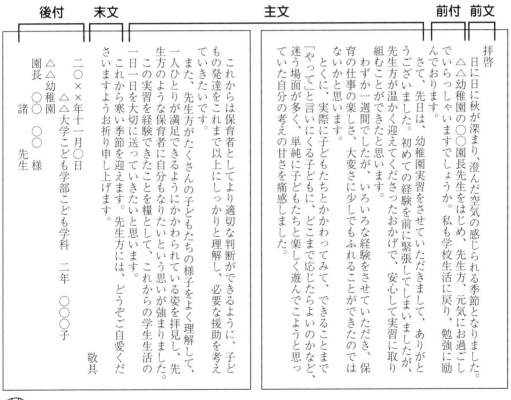

（前文）
拝啓

日に日に秋が深まり、澄んだ空気の感じられる季節となりました。

（前付）
△△幼稚園の○○園長先生をはじめ、先生方、元気にお過ごしでいらっしゃいますでしょうか。私も学校生活に戻り、勉強に励んでおります。

（主文）
さて、先日は、初めての幼稚園実習をさせていただきまして、ありがとうございました。先生方が温かく迎えてくださったおかげで、安心して実習に取り組むことができたと思います。

わずか一週間でしたが、いろいろな経験をさせていただきました。とくに、実際に子どもたちとかかわってみて、できることまでも、保育の仕事の楽しさ、大変さに少しでもふれることができたのではないかと思います。

「やって」と言いにくる子どもに、どこまで応じたらよいのかなど、迷う場面が多く、単純に子どもたちと楽しく遊んでこようと思っていた自分の考えの甘さを痛感しました。

この実習を経験できたことを糧として、これからの学生生活の一日一日を大切に送っていきたいと思います。先生方には、どうぞご自愛くださいますようお祈り申し上げます。

また、先生方がたくさんの子どもたちの様子をよく理解して、一人ひとりが満足できるようにかかわられている姿を拝見し、先生方のような保育者に自分もなりたいという思いが強まりました。

これからは保育者としてより適切な判断ができるように、子どもの発達をこれまで以上にしっかりと理解し、必要な援助を考えていきたいです。

（末文）
敬具

（後付）
二〇×年十一月○日
△△大学こども学部こども学科　二年　○○○子
△△幼稚園
園長　○○　○○　先生
諸　　　　先生方　様

封筒の書き方

表書き

- 郵便番号、住所、宛名を明記する。宛名が最も大きくなるように、また、全体のバランスを考えて、読みやすい字の大きさや配置などを考えて書く。
- 宛名が個人の場合は、必要に応じて園名や法人名、肩書きを略さずに書く。

- 宛名は、個人宛の場合、敬称（「様」「先生」など）の用い方に注意する。「○○先生様」など重ねて使わない。また、団体や会社、法人などに宛てる場合は、「様」ではなく「御中」とする。
- 切手は料金不足にならないよう重さを確認して用意し、左上に貼る。切手はキャラクターなどの図柄は避け、風景など季節感のあるものを選ぶとよい。

裏書き

- 封筒中央の右側に差出人の住所、左側に差出人の氏名を書く。差出人の郵便番号も忘れず書く。
- 投函日を書き入れる場合は、左上に書く。
- 手紙を入れたら、しっかりとのりで封をし、封じ目には「〆」「封」などと書き入れる。

封筒の書き方の例

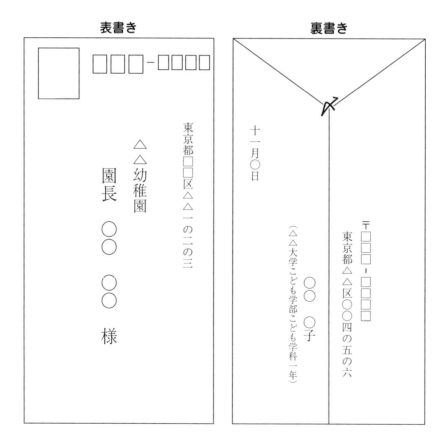

普段、手紙を書かない人ほど、頭語や結語、時候の挨拶など、手紙のルールになじみがなく、堅苦しく感じられるかもしれません。

　しかし、たとえば久しぶりに会った人と挨拶をし、最近の様子を報告し合い、話の本題に入り、最後はお互いに今後も元気で過ごせることを祈りつつ、お別れの言葉を交わすというように、私たちが普段からとっているコミュニケーションと、基本的には同じ構成だと考えてみてください。自分なりに言葉をつむぎ出せるのではないでしょうか。もちろん、手紙を書くのにふさわしい言葉や、手本となる文例は本やインターネットで調べることができますが、自分の気持ちが文面に込められたものでなければ手紙を書く意味がありません。

　ここで紹介した以外にも、手紙の相手や内容に合わせた手紙の書き方があります。それぞれの場合にふさわしい手紙が書けるよう、ぜひ勉強してください。

 小・中・高等学校の恩師など、目上の方に手紙を書いてみましょう。

履歴書の書き方

　履歴書はみなさん自身のことを紹介する書類です。幼稚園や保育所などでボランティアやアルバイトをするときや、就職試験を受けるときに作成し提出します。
　履歴書用紙には提出先から指定されたもの、養成校で作成されたもの、市販されているものがありますが、ここでは作成する際の基本について確認しましょう。

Point 1　全体的な注意事項

・「パソコンで作成」などの指定がなければ、黒のペンで手書きをする。

・提出するたびに作成し、コピーしたものは提出しない。

・文字はくずさず、行の幅に合わせた適切な大きさでていねいに書く。

・なるべく空欄がないように、記入できる欄はすべて記入する。

・内容は間違いがないよう正確に、わかりやすく簡潔に書く。

・修正液は使わず、間違えたら別の用紙に書き直す。予備の用紙がない場合には、間違えた字に二重線を引き、訂正印（印鑑）を押し、上部の余白に正しい字を書く。

・提出する前にかならず確認し、誤字脱字がないようにする。

・提出する前に、自分用に１部コピーを取っておくとよい。

Point 2　良い印象の写真にするために

・写真は写真店で撮影した履歴書用の写真を用意する。
　スナップ写真の切り取りは厳禁、できればスピード写真は避けたほうがよい。

・スーツなどきちんとした服装で撮影する。
　男子はネクタイ着用、女子は胸元が開いていない、襟のあるブラウスやシャ

ツなどの着用が好ましい。

・髪の色は黒もしくは自然な色にし、化粧をする場合には薄化粧で撮影する。

・髪はきちんと整える。前髪が目にかからないようにし、頬に髪がかからず、
フェイスラインがはっきり見えるようにする。

・まっすぐ前を向き、まじめで明るい表情（口は閉
じて、歯を見せない）で撮影する。

よくある質問

Q　職歴にアルバイトは入れていいですか。

A　希望する職種に関するもの（例：子ども関係の場合、保育所、児童館、
ベビーシッターなど）は書いてもよいでしょう。ただし、ある程度の期間（例：
１カ月以上）続けたものを書きましょう。短期間（例：２～３日）のものは「学
外活動」または「志望動機」「自己PR」などの文章に入れるとよいでしょう。

Q　履歴書の提出について教えてください。

A　指定がなければ、折らずに白の大きな封筒に入れて持参するとよいで
しょう。郵送の場合には依頼の手紙をつけ、大きさと重量を確認して切手を
貼り、宛名を書いて送ります。

依頼の手紙　文例

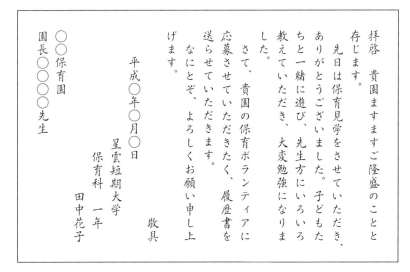

拝啓　貴園ますますご隆盛のことと
存じます。
　先日は保育見学をさせていただき、
ありがとうございました。子どもた
ちと一緒に遊び、先生方にいろいろ
教えていただき、大変勉強になりま
した。
　さて、貴園の保育ボランティアに
応募させていただきたく、履歴書を
送らせていただきます。
　なにとぞ、よろしくお願い申し上
げます。
　　　　　　　　　　　　　敬具
　平成○年○月○日
　　　　　　星雲短期大学
　　　　　　保育科　一年
　　　　　　　　　田中花子
○○保育園
園長○○○○先生

履歴書の書き方例

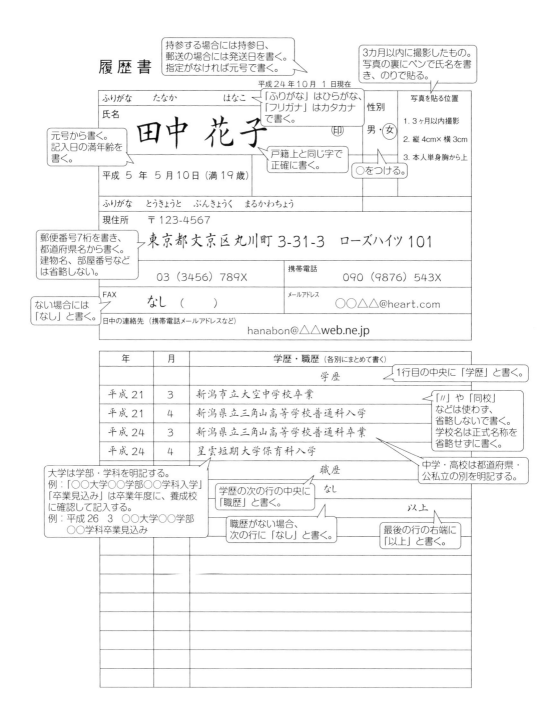

履 歴 書

持参する場合には持参日、郵送の場合には発送日を書く。指定がなければ元号で書く。

3カ月以内に撮影したもの。写真の裏にペンで氏名を書き、のりで貼る。

平成 24 年 10 月 1 日現在

ふりがな	たなか	はなこ
氏名		

「ふりがな」はひらがな、「フリガナ」はカタカナで書く。

元号から書く。記入日の満年齢を書く。

田中 花子 ㊞

戸籍上と同じ字で正確に書く。

性別

男・⦿女

○をつける。

写真を貼る位置

1. 3ヶ月以内撮影
2. 縦 4cm× 横 3cm
3. 本人単身胸から上

平成 5 年 5 月 10 日 (満 19 歳)

ふりがな	とうきょうと	ぶんきょうく	まるかわちょう
現住所	〒 123-4567		

郵便番号7桁を書き、都道府県名から書く。建物名、部屋番号などは省略しない。

東京都文京区丸川町 3-31-3　ローズハイツ 101

03（3456）789X	携帯電話	090（9876）543X

FAX	なし（　　　）	メールアドレス	○○△△@heart.com

ない場合には「なし」と書く。

日中の連絡先（携帯電話メールアドレスなど）

hanabon@△△web.ne.jp

年	月	学歴・職歴（各別にまとめて書く）
		学歴
平成 21	3	新潟市立大空中学校卒業
平成 21	4	新潟県立三角山高等学校普通科入学
平成 24	3	新潟県立三角山高等学校普通科卒業
平成 24	4	星雲短期大学保育科入学
		職歴
		なし
		以上

1行目の中央に「学歴」と書く。

「〃」や「同校」などは使わず、省略しないで書く。学校名は正式名称を省略せずに書く。

中学・高校は都道府県・公私立の別を明記する。

大学は学部・学科を明記する。例：「○○大学○○学部○○学科入学」「卒業見込み」は卒業年度に、養成校に確認して記入する。例：平成 26　3　○○大学○○学部○○学科卒業見込み

学歴の次の行の中央に「職歴」と書く。

職歴がない場合、次の行に「なし」と書く。

最後の行の右端に「以上」と書く。

年	月	免許・資格
平成 23	7	実用英語技能検定準2級
平成 23	11	日本漢字能力検定2級
平成 24	1	話しことば検定 3 級（日本話しことば協会）
		現在、「幼稚園教諭二種免許」「保育士資格」の取得を
		目指して勉強中です。

合格した検定試験などを書く。
認定証などの日付の年月を書く。

現在受講中や取得を目標としているものを書いてもよい。

得意（好き）な科目・分野を書く。
例：「音楽」「体育」
幼稚園・保育所等に提出するときには、保育に関する科目を入れるとよい。

得意な科目・分野	自己ピーアール・性格
乳幼児心理学、子どもと音楽	明るく辛抱強い性格です。子どもが大好きで、いつも笑顔でかかわることができます。苦手なこと、困難なことにも前向きに努力します。

自分のよいところ、できること、努力していることなどを書くとよい。

好きなこと・得意なことをわかりやすく書く。
例：「楽器演奏（ピアノ・クラリネット）」「スポーツ観戦（サッカー・野球ほか）」

趣味・特技	スポーツ
読書（推理小説を中心にジャンルを問わず読んでいます。） 料理（お菓子づくり）	テニス（中学・高校3年間・県大会出場2位） ランニング（土曜・日曜に走っています。）

得意な運動、楽しんでいる運動などを書く。

学友会・クラブ活動・学外の活動等	健康状態
学友会（会計）、剣道部（高校2年次部長） 学童クラブでボランティア（高校2・3年の夏休み）	良好（高校3年間皆勤で、短期大学入学後も無欠席です。）

活動や仕事に問題がないかを書く。
アピールしたいことがあれば書くとよい。

学内の委員会活動、クラブ活動、学外のボランティア活動などを書く。

志望の動機

将来は保育職に就くことを希望しています。自宅から近く通学の際に、元気に遊ぶ子どもたちの声と優しい眼差しの保育者の姿をいつも目にしていましたので、ぜひ貴園で働きたいと思いました。

なぜ、ここで活動したい（働きたい）と思ったのかをなるべく具体的に書く。
例：出身園でボランティアをしたい
「貴園を○年に卒園し、大変楽しかった思い出があります。優しかった担任の先生のこともはっきりと覚えています。先日見学をさせていただき、子どもたちがのびのびと遊ぶ姿を見て、ぜひ貴園で学びながらボランティアをしたいという思いが強くなりました。」

本人希望記入欄

特になし

曜日や時間の希望、勤務地や職務内容が複数の場合に希望を書く。
アルバイトの場合、時給の希望は書かないほうが好印象。

自宅からボランティア・アルバイト先までにかかる時間を書く。

通勤時間	扶養家族 （配偶者を除く）	配偶者	配偶者の扶養義務
約 ~~時間~~ 30 分	0 人	有・⦿無	有・⦿無

連絡先	（現住所以外に連絡を必要とする場合のみ記入）
〒456-7890 新潟県新潟市萌文町 1-2-3	田中一郎 方

親と別に居住している場合や、20 歳未満の場合はかならず保護者の連絡先を書く。

ワーク　履歴書の基本事項を書いてみましょう。

年　　月　　日現在

ふりがな 氏　名		印		写　真 縦4cm×横3cm 上半身・無帽 最近3カ月以内に 撮影したもの
生年月日	年　　月　　日生（満　　歳）	性 別	男 女	
ふりがな 現住所	〒			
電話番号	自宅：（　　　）　　—　　　　　携帯：（　　　）　　—			
E-mail				

年	月	学歴・職歴（各別にまとめて書く）

得意な科目・分野	趣味・特技
自己ピーアール・性格	学友会・クラブ活動・学外の活動等
志望の動機	本人希望記入欄（給料・職種・勤務時間・勤務地その他について希望があれば記入）

 ヒント

得意な科目・分野　得意な科目・好きな科目などを書く。

趣味　好きなこと、休日にしていることなどを書く。

特技　得意なこと・できることを書く。

自己ピーアール・性格　自分の長所・良いところ、努力していること、目指していることなどを具体的に書く。

学友会・クラブ活動・学外の活動等　委員会活動、クラブ活動、学外の活動（ボランティア活動、アルバイト、ガールスカウトなど）を書く。

志望の動機　幼稚園または保育所などで、ボランティアまたはアルバイトをすることを想定して書いてみよう。

本人希望記入欄　曜日・時間の希望があれば書く。なければ「特になし」と書く。

私の目標

保育者を目指しているあなたの今の思いを書きとめておきましょう。

記入日　　　　年　　　月　　　日

あなたが今考えている将来希望する職種は何ですか？

....

....

あなたが保育者を目指したきっかけは、どのようなことだったでしょうか？

....

....

あなたが保育者になるために選んだ学校名、学部、科の正式な名称を記入しましょう。

....

....

その学校を選んだ理由を書いてみましょう。

....

....

あなたはどのような学生生活を送りたいと思っていますか？

....

....

学生時代に挑戦してみたいこと、やってみたいことなどを書いてみましょう。

....

....

あなたの長所は何ですか？　それは、どのような時に役に立つと思いますか？

....

....

あなたの短所は何ですか？　それを克服するためにはどのようなことが必要ですか？

....

....

あなたが今の自分を評価すると、100点満点中、何点ですか？　その点数をつけた理由を書いてみましょう。

....

....

今のあなたにメッセージを書いてみましょう。

....

....

5年後のあなたにメッセージを書いてみましょう。

....

....

執筆者　　　　　　　◎は編著者

善本眞弓（よしもと・まゆみ）東京成徳大学教授

片川智子（かたかわ・ともこ）鶴見大学短期大学部准教授

金 瑛珠（きむ・よんじゅ）鶴見大学短期大学部准教授

坪井 瞳（つぼい・ひとみ）東京成徳大学准教授

大村あかね（おおむら・あかね）浦和大学特任准教授

◎**久富陽子**（ひさとみ・ようこ）大妻女子大学教授

STAFF

装丁　尾崎美穂（株式会社コットンズ）

本文デザイン　久保田祐子

DTP　株式会社 RUHIA

イラスト　小原千明（株式会社コットンズ）

保育の学びスタートブック

2012年 5 月17日　初版第 1 刷発行
2016年 4 月 1 日　初版第 4 刷発行
2018年 5 月16日　第 2 版第 1 刷発行
2021年 4 月 1 日　第 2 版第 3 刷発行
2023年12月31日　第 3 版第 1 刷発行

編著者　久富陽子
発行者　服部直人
発行所　株式会社萌文書林
〒 113-0021　東京都文京区本駒込 6-15-11
Tel. 03-3943-0576　　Fax. 03-3943-0567
https://www.houbun.com/
info@houbun.com
印刷　シナノ印刷株式会社